U1003720

此书为**2019年圣彼得堡国际法律论坛司法奖**获奖作品

HUMANS AS A SERVICE

零工经济的未来

（英）杰里米亚斯·普拉斯（Jeremias Prassl） 著
张晓思 美事T2T团队 译

THE PROMISE AND PERILS OF WORK IN THE GIG ECONOMY

企业管理出版社
ENTERPRISE MANAGEMENT PUBLISHING HOUSE

图书在版编目（CIP）数据

零工经济的未来 /（英）杰里米亚斯·普拉斯（Jeremias Prassl）著；张晓思，美事 T2T 团队译 .—北京：企业管理出版社，2021.1

书名原文：Humans As A Service: The Promise and Perils of Work in the Gig Economy

ISBN 978-7-5164-2205-2

Ⅰ. ①零… Ⅱ. ①杰… ②张… ③美… Ⅲ. ①电子商务—经济模式—研究 Ⅳ. ①F713.360

中国版本图书馆 CIP 数据核字（2020）第 166167 号

北京市版权局著作权合同登记号：01-2020-0174

书　　名：零工经济的未来
作　　者：（英）杰里米亚斯·普拉斯（Jeremias Prassl）
译　　者：张晓思，美事 T2T 团队
责任编辑：蒋舒娟
书　　号：ISBN 978-7-5164-2205-2
出版发行：企业管理出版社
地　　址：北京市海淀区紫竹院南路 17 号　　邮编：100048
网　　址：http://www.emph.cn
电　　话：编辑部（010）68701661　　发行部（010）68701816
电子信箱：26814134@qq.com
印　　刷：三河市荣展印务有限公司
经　　销：新华书店
规　　格：145 mm × 210 mm　　32 开本　　8.625 印张　　165.6 千字
版　　次：2021 年 1 月第 1 版　2021 年 1 月第 1 次印刷
定　　价：48.00 元

前　　言

1770年的春天，一个新生事物震惊了维也纳玛丽娅·特蕾莎（Maria Theresa）女王的宫廷，那就是世界上第一款全自动国际象棋机器人，名为机械土耳其人（the Mechanical Turk）。彼时，自动机又被称为机械模拟器，它源于人们对技术的痴迷。然而，这台机器却不同寻常。一旦启动后，它能识别对手的策略，拿起棋子，然后自己下棋，水平不同凡响。几年后，全自动国际象棋机器人让全世界都为之倾倒。它曾与拿破仑·波拿巴（Napoleon Bonaparte）对战，还逮到对方作弊。虽然很多人试图解开它的秘密，甚至连埃德加·爱伦·坡（Edgar Allan Poe）都尝试过，但全自动国际象棋机器人那高超能力背后的技术依然是个谜。直到19世纪谜底才被解开，不久后它就毁于一场大火。

150年后，IBM推出了超级国际象棋电脑“深蓝”（Deep Blue），后者于20世纪90年代击败了世界国际象棋冠军加里·卡斯帕罗夫（Garry Kasparov）。那么，奥地利工程师沃尔夫冈·冯·肯佩伦（Wolfgang von Kempelen）又是如何在18世纪就建造出一台全自动国际象棋机器人的呢？通常来说，如果生活中有些事儿听起来好到都不像真的，那它可能就是假的。事实是一个人蜷缩着藏在机械土耳其人的箱子里，移动棋盘上的棋子。在游戏前的展示环节，操作者隐身于现代科技之后，在“呼呼”作响的轮子、闪亮的刻度盘和复杂的机械中移动，依次开启所有控制面板。[1]

两百多年后，亚马逊首席执行官杰夫·贝佐斯（Jeff Bezos）登上麻省理工学院的讲台，公布了亚马逊的愿景。他没有谈论如何销售图书、百货，甚至无人机，而是介绍对外开放出租“亚马逊的内核”和如何成为提供全球领先的网络服务的供应商的计划。对寻求处理器和数据存储功能的软件开发者来说，他们再也不用购买昂贵的硬件，只要接入亚马逊的服务器，并为相应的服务支付一小笔费用，自己的需求就可以得到满足。

然而，亚马逊的神级服务器并不是那天早晨推出的唯一一款新产品。杰夫·贝佐斯透露，公司的算法依然需要解决一些相对基础的问题，包括如何分类照片，决定官网上的哪些产品要使用双列表等。亚马逊的解决方案是什么？是开发一个内部平台，将这些任务外包给大家。全球的用户都能登录这个平台，查看图片，帮助亚马逊的算法完成相应的工作。

以这种方式进行的外包工作，似乎没有任何限制，从为电视台的节目添加字幕，到小的编程工作，无一不可。平台创建了一种新型的“微工作”，让众多的单个的人能在几分钟内完成分解后的任务，并因此得到酬劳。这个平台就是Amazon Mechanical Turk，简称MTurk。

欢迎来到零工经济时代

在过去的十年中，亚马逊的MTurk吸引了大量的线上、线下的竞争者。越来越多的创业团队正建立线上平台和移动应用，旨在把需求方、业务和服务者连接起来，这些工作通常只需几分钟就能完成。原本小众的"众包"（Crowdwork），如今已经成为全球趋势。一些企业的名字迅速传播至千家万户，如优步（Uber）、来福车（Lyft）、滴滴（Didi）和欧拉（Ola）等"共享出行"公司，户户送（Deliveroo）和美食来（Foodora）等快递应用，或家政助手（Helpling）和任务兔（TaskRabbit）等兼职任务平台。

新平台如雨后春笋般出现，从交通到家政服务，从职业服务到体力劳动，遍及多个行业。它们站在时代潮头，所倡导的"零工经济"，让人想起一些艺术家的音乐会，又被称为"gig"（意为"现场演奏会"），都只是一次性的任务或交易，双方都无须承担其他责任。[2]

这些公司迅速兴起，引发了公众的强烈质疑。有些人认为，"优步经济"是"失控的资本主义压榨"[3]服务方的最新实例，有些人认为，"共享式消费"是从根本上改善我们工作生活的重要途径。[4]记者、管理者和学术界很快都对零工经济产生了兴趣。很多人认为，他们正在目睹一场革命，但对这场革命的本质却产生了强烈的争议。

与此同时，还有一些人激情澎湃地宣传零工经济，认为它从根本上对劳动力市场进行了再创造，"具有五彩斑斓又令人惊叹的创新性，能让我们提前一睹资本主义社会几十年后的面貌”。[5] 按照上述说法，这些平台有利于“交换商品、服务或社交资源，因此能为所有参与者创造价值”。[6]

但是，一些高声反对的评论者严厉批评零工平台，指责其把“冷酷又缺少监管的自由市场带入我们生活中原本被保护的区域”[7]——

> 塑造了一个经济系统，其中，那些有钱人无须面对面沟通，就能在经纪网站和移动应用上匿名交流，通过网络投标大战，进而雇到那些会为自己的劳动出更低报价的人。[8]

人即服务

早在2006年，杰夫·贝佐斯丝毫没有上述忧虑。作为全球最大科技公司之一的首席执行官，他为MTurk的商业前景兴奋不已。除了书籍、百货和小玩意儿，亚马逊从此还将出售“工作”：

> 你听说过软件即服务。
> 这么说吧，这基本上是把人当作一种服务。[9]

诚然，人们一直在为老板和客户提供服务。然而作为服务方，他们反过来也享受重要的法律和经济保护，从最低工资保障和不公平解雇法，到社会保障和退休金。“人即服务”之所以有吸引力，是因为建设信息技术的基础设施和维持大规模的劳动力是非常昂贵的。无论是在消费需求的高峰期还是低谷期，服务器都要保持功能强大，并且维护得当，服务方需要接受培训，并获得工资。

然而，一旦工作本身成为服务或商品，那么上述成本即可规避，需求方的购买成本就会降低，利润增加。卢卡斯·比沃尔德（Lukas Biewald）是众花平台（CrowdFlower）的首席执行官，该平台是亚马逊的竞争对手。他列举的商业案例是：

> 在互联网出现之前，你很难碰到这样的人——他们坐下来花十分钟为你干活儿，十分钟后你再解雇他们。但凭借技术，你就可以找到这种人，付给他们一点儿费用，当你不再需要他们的时候，摆脱他们。[10]

听起来不错。除非你跟服务方换位思考，否则不会发现劳动力已经变成了服务，像商品一样被购买、被交易。雇主能满足自己不断变化的员工需求；而服务方没有任何安全保障或保护地被“遗弃”了。

重塑工作的定义

我们是怎么走到这一步的？长久以来，全世界的司法系统都努力为服务方提供保障，避免其陷入极端的商品化形式。大约一个世纪以前，当国际劳工组织（International Labour Organization，简称ILO）成立时，缔约国（High Contracting Parties）通过了一系列“特别重要的”指导原则，其中第一条原则就是，“劳动不应该被仅仅当作一种商品或商业条款”。[11]

雇主通过劳动力获得经济利益，作为代价，他们必须按照就业规定强制承担若干保障性责任。这是一场重要交易：服务方需要遵守雇主的命令，同时雇主支付满足其稳定生活和安全感的报酬。真正独立的服务提供者不享受这种法律保护，但他们可以自由选择自己的客户，设定价格，协商合同条款和限制性规定。简言之，工作受到法律保护，但创业并非如此。

那么，想要找到为你工作的人，然后“在你不需要他们的时候，又能摆脱他们”，为什么这个目的原来很难实现，如今却轻而易举？零工经济为什么可以将人作为服务售卖的同时，又忽略传统的雇佣法（注：现用于其他国家的法律，如美国、英国、法国、荷兰等）的保护？那是因为，很多平台就像MTurk一样，模糊了商业模式背后的现实。精心设计的文字条款和限制性规定将平台描绘成中间人，将服务方包装成独立服务商，这些暂时都未列入法律监管的范围。工作被重新塑造成服务，同时劳动力被当作技术出售。

1. 平台悖论

根据多数平台的条款和限制性规定，它们的商业模式是运营强大的软件应用程序（APPs），旨在匹配有任务的需求方和正在寻找“零工任务”的服务方。潜在的需要是，尽可能消除彼此沟通中的“摩擦”。精心设计且功能完善的应用程序提供了简洁的介绍，既让零工经济变得有趣，也让双方都觉得便于操作：司机和乘客在行程开始前，就能通过自己的手机看到对方；如果你需要组装新家具，算法会迅速找到附近服务最好的或收费最低的师傅。

然而，进一步审视就会发现，很多平台作为线上中间人，不只是提供项目匹配服务。为了给顾客提供规划严密的产品和服务，零工经济运营者通过各种方式严密控制着它们的劳动力，主动促成了整个交易：从设定条款和限制性规定，审核相关资质，到确保服务方交付质量达到要求并取得劳动报酬。零工经济的应用程序不仅能快速便捷地匹配任务和服务方，用户评分系统也能提供品质控制和反馈，支付系统还让整个交易实现了非现金支付。

这就是“平台悖论”：零工经济运营者将自己设定为现代市场，然而在现实中，他们的表现却像传统的雇主。但与被动配对不同的是，这些平台依靠评分系统和算法确保服务方工作的每个方面都是按照公司政策和需求方指南来完成的。

2. 劳动力即技术

技术是快速增长的新产业的核心。无论用户是处于同一个社区，还是位于地球的两极，互联网使交流能以光速进行。算法能在几秒钟内处理大量交易，并考虑接近无限数量的相关变量。智能手机和平板电脑把强大的处理器送到了需求方和服务方的手掌上和口袋中，全球定位系统（GPS）准确地计算着他们的位置，移动支付机制也让现金成为过时的东西。

然而，技术并非只促成了零工经济交易，它还塑造了我们对背后机制的认知。当我们打开新世界，通过一款精心设计的APP来选择吃什么，或者近距离地端详地图上的一个小小的汽车符号，算法和人类之间的界限很容易变得模糊：两者都会与完成工作产生千丝万缕的联系。加利福尼亚大学圣地亚哥分校（University of California San Diego）的莉莉·伊朗尼（Lilly Irani）教授是最早关注零工经济的人之一，她认为这种经济强调技术，让我们能认识“作为计算设备的人类……在这个世界中……有些人变成了创造者，但其他人则变成了计算机”。[12]

换句话说，零工经济平台让劳动力变得更不可见，甚至在某些面对面接触的情况下也是如此。伊朗尼提出，在一个“人即服务”的世界，服务方“彼此保持着一定距离，为了满足创新者的快感而成为一个组织”。[13] 如此一来，“那些有关权利不平等、赔偿及安全的故事并非一时偏离常规，而是建构了高新技术工作的角色和意识形态”。[14]

尽管劳动力是不可见的，但它却是零工经济的核心：如果不能触达大规模的按需服务人才池，那么平台和应用程序就不可能实现它们所提供的任何零工、任务和出行服务。杰夫·贝佐斯用众包服务方来实现“人工的人工智能”，也是一样的道理。

让零工经济发挥作用

虽然机械土耳其人早就公之于众，但它依然能给我们带来一些启发：我们讨论零工经济亟须跳出平台合约条款和强大的技术。虽然我们将发现更多的机遇，实现令人惊叹的数字创新和真正的创业，但我们绝不能让其将自己引入一个数据逻辑例外论的世界。零工经济的产品，首先就是工作。永远都不要忘记，有个身材矮小的棋手藏在那个箱子里。在手机、平板电脑和计算机的炫酷表面之下，在让我们订购产品及服务的操作流畅的应用程序的背后，某人正在某地为此劳动着。

零工经济中的服务方是本书的核心。然而，如果我们想要理解产业对工作世界的看法，那么我们需要进一步发现它不仅为服务方、需求方和整个社会带来了希望，还使缺乏安全感的低薪工作者产生了隐忧。至于最终目的，那就是让零工经济造福每一个人：一个可持续的商业模式，其中，我们所有人都能享受到平台创新带来的便利，而不会把人类简化成为一种服务。

需要着重指出，这种分析并非是说我们应该反对平台。零工经济存在着巨大的潜力：配对效率的提升，以及与之相关的算法，都能为我们的经济赋能，增加新的工作岗位，并让我们所有人都能享受更好的产品和服务。然而，若是想让产业按照每个人的利益运作，我们需要确保这些平台不再利用现有规则套现，需要承担商业模式的全部成本：雇佣法条款公平是保证人人平等的关键。

记者杰夫·霍伊（Jeff Howe）最早使用了“众筹”（Crowd Sourcing）一词，他在自己著作的序言中提及“众人的力量驱动着商业的未来”“将众人当作廉价劳动力的公司终将失败”。[15] 零工经济的前景非常光明，但我们需要确保它能发挥所有潜力，让所有人受益。人类绝不能只是成为服务，服务是平台应该做的事情。

平台即服务

本书的框架大致分为三个部分。首先，讨论零工经济背景下的现实生活及工作；其次，尝试为所发现的问题寻找解决方案；最后，思考零工经济给需求方、纳税人和整个市场带来的广泛影响。

探索零工经济

首先要处理的是难度最高的任务，它将会占用前四个章节的篇幅。第 1 章设定背景，讨论零工经济中的“按需服务”（Work on Demand），并通过几个典型案例，说明平台作为数字工作中介的角色。这种现象可能只涉及少数劳动力市场，但是它在新任务和新产业中扩张迅速，又不是昙花一现。回顾零工经济的发展，发现是竞争驱动着价值创造，其中只有一些元素（通常来说，即劳动力供求匹配效率的提升）应该得到鼓励。

第 2 章探讨的是即便平台是集中的、商业性的劳动力中介，但它们最初却是从另一个角度运行的，即在“共享经济”的名义下运作的。各类规则的语言表述似乎是表面内容，但是非常重要。这是第 2 章的核心内容。

当前，有关零工经济的讨论存在着相互冲突的观点，它们是“扭曲了多样化现实的简单故事”，用弗兰克·帕奎尔（Frank Pasquale）的话说，“平台要么承诺让未来的工作发生革命性变化，从而人人受益；要么提倡回到中世纪封建体制下。从各自的角度看，每种看法都很重要。然而，我们很快就会发现，还有更为严峻的情况。由于世界各地的管理者试图厘清零工经济应该如何适应现有的法律框架，所以上述两种观点在法规制定过程中扮演着重要角色”。[16] 这意味着，支持者将零工经济描绘为具有颠覆性的新产业，政府最好不去干涉；反对者则认为，平台天生具有的剥削活动应该受到禁止。

创业和创新性，是零工经济反对传统雇佣法的两个核心点，我们一旦回到核心点，事情就变得有趣了。大量证据表明，平台创造性地使用了技术和配对算法，让服务方开始了创业式的职业生涯。但这种说法并非适用于所有零工服务方：鉴于工作具有极强的异质性，现实情况不可避免地要更为复杂。

第 3 章为“迷失在人群中”，将平台对自主、自由和自立的承诺与被算法控制的真实现实并置。零工工作倡导灵活性，但商业模式却常常需要一种被严密监管的服务。到头来，零工工作的生活就像一个“微型企业”，很大程度上依赖可实时监控的评分算法，它汇集了用户反馈，并符合平台指南，从而实现严密（但往往是间接的）控制。如有违反，则会引发严重后果，最坏的情况是在没有任何解释的情况下，突然“冻结”零工工作。

在很多情况下，算法还会分配工作，并决定报酬的等级。这取决于用户需求，意味着对按需服务的灵活性做出的承诺能很快转化成经济上的不安全性，因为零工收入在很大程度上都不可预测，每周的情况都不一样。与之类似，对很多人来说，有关自由的承诺也显得空洞，尤其是精心起草的合同协议，防止服务方将平台起诉到法院。大量的按需服务的服务方并没有切实地享受到创业带来的好处，却发现自己被困在不稳定的低薪工作中，动弹不得。

同样，创新论涉及的多个方面的内容会在第 4 章进行讨论。很多人认为，创新源于零工经济对现代科技的依赖，但就工作本身而言，商业模式却是古董级的。这就是“创新的悖论”。很多平台的商业模式都是基于大规模劳动力来建构的，竞争技能较低的任务，受到强大中介的控制。到头来，工作的未来只是一阵过去刮过的风。从 18 世纪的户外作业到 19 世纪的码头劳工，这种工作的组织及相应的工作条件在历史上有很多先例。

我们能从历史中发现类似的模式：除了技术，零工工作完美契合了更广泛的碎片化趋势，从临时的代理工作到供应链外包，几十年来，都在我们的劳动力市场中持续增长。进一步审视，我们会发现创新论中存在着一个基本问题：平台战略中的创新元素实际上可能仅仅是为了加深现有运营者和未来竞争者的裂痕。

绘制解决方案

在这种背景下，第 5 章关注我们应该如何管理按需服务经济中的工作。在某种程度上，“颠覆”已经成为技术行业打破法律限制的说辞，“颠覆颠覆者”的时代已经到来。多数按需零工、任务和共享出行都是工作，而不是创业，而且这种看法是理所应当的。这意味着产业需要纳入雇佣法的范围。全球的法律系统已经掌握了如何应对雇主的一些做法，后者通过聚焦现实中的潜在关系，将零工工作错误地描绘成独立的创业。在更为复杂、涉及更多方面的情况下，顾客和平台共享控制权，这导致更深层次问题的出现，即谁才是负责任的雇主。

一旦服务方纳入雇佣法范围，他们就会享有基本的权利，从最低工资保障到反歧视保护。然而，由于零工工作非连续性的本质，服务方的业务规模以及面对平台议价能力的不平等，他们的权利并不能得到十足的保证。我们需要提升现有标准应对服务方工作的不稳定性所带来的具体挑战，从为灵活的工作时间而进行的便利评分和更高的薪酬，到重新反思社会合作伙伴的参与。总之，我们正在直击零工工作最普遍但也是最具误导性的神话：在灵活工作和就业保护之间，不存在内部的不可协调性。

一种更广阔的视角

第6章再次回到按需服务，打破原有界限讨论这一话题：对于需求方和整体市场来说，零工经济的兴起到底意味着什么？越来越多的证据表明，需求方和纳税人在不知不觉中习惯了为平台的真正成本买单。需求方逐渐发现，之前得到的承诺是用更低的价格换取更好的服务，一旦出现问题，若是平台拒绝为其负责，那么上述承诺就会土崩瓦解。从纳税的角度讲，支付和税收的碎片化会导致酬劳过低和执法问题的出现。低成本劳动力的普遍化最终可能会抑制那些想要推动真正创新的研究和发展。

在上述所有情况下，雇佣法能在“升级游戏场”中发挥关键作用。第6章回到需求方保护和强制纳税的问题上，阐明零工经济把服务方描述为“小微创业者”，把平台当作自己的老板，切断了利用监管套现牟利的通道，矫正了负面的外部影响，还避免了资产分配不当的情况。

从根本上看，对服务方、需求方、纳税人和市场来说，零工经济的所有问题都源于一个简单的原因：平台仅仅把自身标榜为中介，而不是强大的服务提供者，进而几乎把所有商业风险和成本转移出去。监管套现、外部影响和资产分配不当都让游戏场发生了偏移，变得对平台有利，还把成本强加给其他人。尽管与多数欺人之谈不同，但在零工经济中应用雇佣法，并非强迫使用规则来阻挠创新。如果我们想要兑现零工经济的承诺，不让它暴露在危险之下，只有现有雇佣法得到公平且连续的实施，企业才能在平等的游戏场中进行竞争。

目　录

第 1 章　按需服务

2006 年 6 月，记者杰夫·霍伊注意到，互联网正在重塑工作的边界。长久以来，任职于大企业的员工和将自己手艺当作消遣的业余爱好者之间一直存在着差异，但如今差异却变得愈发模糊：

> 业余爱好者、兼职服务方以及非专业人士，这些闲置人才突然有了市场，因为在制药、影视等行业中，有些精明的企业发现了借助他们能力的方法。他们的劳动需要付费，但成本却远远少于传统雇员的工资。它不是外包，而是众包。[1]

他接着解释，众包，是“把原本由传统雇员做的工作以公开招募的形式，外包给不确定的大众”。[2]仅在十年间，求助于众人的做法就已扩散到我们的日常生活中。在世界各地的城市里，需求方用优步取代传统的出租车出行，送点外卖，用任务兔寻找杂活儿帮工，把小型数字化任务外包给亚马逊的众包平台……真的要说一句“欢迎来到零工经济时代”。

传统企业被平台取代，长期雇员变成了独立创业者，其影响是深远的。圣地亚哥大学教授奥利·洛贝尔（Orly

Lobel）指出，平台经济“不仅改变了商业模式，而且还造成了法学理论范式的转向”。[3]此等大胆言论引发了一系列问题。事实真的如此吗？此外，不管是或不是，零工经济中的这种按需服务理念究竟是什么呢？

在本章中，我们着手探讨零工经济的运作方式：首先，介绍几个重要的平台，分析它们在塑造需求方与服务方转型的过程中所扮演的核心角色。这种数字工作中介是理解零工经济的关键——平台用繁复的算法把服务方和需求方连接起来，并持续控制随之建立的关系。其次，我们会用数据说明零工经济所具有的、令人惊讶的多样性，以及它在全球范围内的增长，尤其强调其深层商业模式，即平台是如何盈利的。最后，我们会介绍数字工作中介造成的更广泛影响：平台如何超越简单的配对，进一步塑造服务方和需求方的体验。零工工作具有多种潜在优势，服务方既可以灵活选择工作的时间和地点，还能提供具有创新性且价格合理的服务。然而，间歇性的短期零工也有其劣势，如服务方没有经济上的安全感、缺乏传统的就业保障等。

理解零工经济

无论你是在查找附近餐馆的外卖服务，还是想寻找律师解决复杂的产权纠纷，“一个能解决上述问题的应用程序”已经存在，更不必说零工经济平台已经为你准备了专门的列表，上面的内容介绍比本书还要厚，没等你打印完旧版本，新版本就出现了。尽管优步、MTurk、任务兔等平台具有卓越的公众影响力，却只是表面现象。每种商业模式都被大量初创竞争对手复制，并将其进一步发展，优步的竞争者包括美国的来福车、中国的滴滴和印度的欧拉，还有世界各地大量的本土出租车应用程序。任务兔承接各种临时工作，也有越来越多的运营商聚焦细分行业。以餐饮为例，外卖领域的竞争者是户户送和美食来，这两家公司在 2016 年已将业务拓展至十多个国家。[4] 此外，MTurk 也面临着线上竞争，竞争者或者是提供速成工作的 Fiverr，或者是提供数字设计、编程等工作的 Upwork 平台。

由于国家和运营商不同，零工经济的品牌和商业模式也存在着极大的差异，这使得零工经济更加复杂。每天都有新平台诞生，也有旧平台走向破产。即便是知名的运营商，也在不断地升级迭代：同一个平台会在不同的城市进行试验，为客户设定不同的价格标准，收取佣金，并为服务方指派具体任务。实际上，没有什么模式能一直不过时，改变商业模式是轻而易举的事情，就像软件升级新版本一样。

为了应对不断演变的按需服务经济，有些学者试图设法找到零工经济工作的分类方式。德国卡塞尔大学（Kassel University）的扬 · 马可 · 莱迈斯特（Jan Marco Leimeister），在团队的共同努力下，提出综合性众包分类范式。例如，依据按需服务的服务方是否是平台运营商的雇员，把众包分为内部众包与外部众包。外部众包又被划分为一系列“原型”，如“微任务”和“市场平台”，前者指极其简单且重复性强的任务，后者指能将“时间周期较长的复杂工作分配给众人”的机构。[5]

这将众包工作理解为一种纯粹的数字化按需劳动形式，如此一来，任务能被任何一台电脑后面的人完成。与之相比，零工工作存在着不同之处，平台介绍过来的任务会在线下完成，不妨想想送外卖或清洁工作。[6]零工经济这个大范畴，可以采用多种分类方式。工作是线上完成还是线下完成，只是一个方面的差异，并不是唯一的区别。例如，有聚焦特定任务的平台，也有综合运营商。再如，设定任务价格的主体也不同（有时候是平台，还可能是顾客，甚至是服务方本人）。[7]在现实生活中，所有零工经济平台的商业模式都存在某些共性，如使用算法评价机制或者造出新名字和新标签。

数字工作中介

更重要的是，当前零工经济平台的商业模式基础是直接依赖大规模的按需服务人才，即寻找下一个零工任务的“大众”。零工经济的承诺是以低成本迅速交付服务，但前提是能够提供大量服务方，并能轻而易举地把服务方与需求方的需求匹配起来。在“零工”“任务”和“行程”等表述背后，存在着较为复杂的商业模式——数字工作中介。

由此可见，平台只是零工经济中的一个小齿轮，为需要某种特定服务的需求方匹配适合完成该任务的承包人。算法衡量了大量相关元素，从以前的工作质量、现在是否闲暇，到当前的地理位置，对所有匹配结果进行优化，最后再针对该服务收取少量费用。

然而，审视发现，平台的角色远远不止是配对这么简单，它是数字工作中介。为了给顾客提供精心设计的产品和服务，零工经济运营商加强与服务方的联系，主动促成整个交易。我们将在第3章讨论这种联系背后的机制；在此仅指出，虽然按需服务经济中的工作元素看起来不像传统的朝九晚五的工作，但在现实中，这种工作往往与兼具自由与独立的真正创业存在着很大的差别。由此，提供给需求方的服务可以从质量监控延展至便捷付款，远远超出了简单的一次性匹配。

这种工作如何付诸实践？在接下来的几章中，我们将介绍不同的平台，它们的商业模式是千变万化的。然而，为了理解数字工作中介，我们不妨先讨论三种基本的运营模式，看看平台算法如何用多种方式塑造需求方和服务方的关系。

在世界各地的城市中，优步都是大家的私人司机。根据位置不同，优步的应用程序为需求方（乘客）提供了多种类型的服务（如经济实惠的快车服务、高端类型的专车服务）。[8] 其他平台，如任务兔等，提供了范围更加广泛的服务。任务兔通过应用程序或网站授权，把服务于人们的工作广而告之，从搬家和组装家具，到保洁和简单修理，服务范围遍及美国近40个城市，还有伦敦。[9] 数字化远程工作是零工经济的第三个原型。MTurk是该领域最早的运营商，将世界各地的需求方和业务与服务方（MTurk 平台上的服务方，以下简称“亚马逊零工服务方”）连接起来。尽管每个平台都提供多种服务，但却依照数字工作中介的方式运营，将需求方的需求和人才池中的服务方相匹配，并高度关注整个关系。

如此一来，一旦需求方使用个人信息和信用卡在平台上注册，平台就可以轻而易举地获取零工经济服务（通常只需极少的费用）。在优步司机活跃的任何一个城市，你都无须走到街上寻找出租车，只需点击按钮，选择想要乘车的地点和服务类型，就能预定“打车”服务。这种应用程序将乘客与附近的司机连接起来，乘客和司机可以通过应用程序实时定位对方的位置。司机的信息，包括姓名、照片和车辆细节，都分享给乘客，确保乘客快速地识别出司机。一旦上了车（如果乘客想要预估车费，则是在上车前），乘客输入自己的目的地，算法就会自动设定好路线。

在任务兔上，需求方选择任务类别时，要明确这项工作在何时何地被完成。算法为每种需求匹配出几个“接单人”(Taskers)，列出他们的工作经验和收费标准，供需求方参考。有时候，人们还可以使用快速下单功能，将任务分配给第一个可用的服务方，继而再通过应用程序设定清洁公寓或快递物品的相关细节。

在 MTurk 上，首先，工作被分解成人工智能任务（Human Intelligence Tasks，简称 HITs），即不太复杂的低技能任务，如识别照片中的物品，从收据中提取产品细节，完成调查问卷，把录音或视频片段转换成文字等。雇主将这些任务上传到平台上，设定出价格、时间期限以及对服务方的资历要求。

最后，平台还会处理所有支付流程，并要求服务方（有时还有需求方）提供反馈。每项工作完成后，MTurk 上的需求方可以接受或否决完成的工作；付款是通过平台完成的，亚马逊会按比例扣除佣金，点击率收费为 0.5 美分 / 次。

优步的每位乘客抵达目的地后，只要下车离开，应用程序会计算价格，乘客通过绑定的银行卡完成付款。平台扣除 20%~25% 的佣金（具体数额取决于所在城市的标准），剩下的钱支付给司机。每单结束后，乘客和司机都受邀相互评价，评价累计的结果会成为他们的“等级”，在下一次行程开始前被显示出来。

与之类似，任务兔依据完成任务所花费的时间计费和付款。每个接单者都可以设定自己的小时收费标准，加上平台的佣金（至撰写本书之时为 30%），还有一项 7.5% 的“信用与支持费”，用于支持服务方医疗、客服以及额度为 100 万美元的平台保险担保，“以防交易期间发生某些意外状况”。[10] 任务完成后，客户和服务方都会留下反馈，客户采用五星制打分的方式回答几个问题，以此给服务方做出评价。累计的评分以及所有公开评价，将会显示在任务兔接单者[11]的个人介绍中，供未来的客户参考。

零工经济的规模有多大

未来学家们向我们保证，平台经济是工作的未来。其中，“自由职业即新常态”，[12] 最终会重塑商业组织、经济以及我们的生活。并不是所有人都赞同这一看法。《人才经济杂志》（*Talent Economy*）的编辑弗兰克·卡尔曼（Frank Kalman）就“不吃这一套”。[13] 他认为，零工经济只是反映了劳动力市场的一小部分情况，其与某些企业的工作文化背道而驰，为传统商业带来了大量潜在的协调及交易成本。简言之，“无论是从经济角度，还是从业绩、管理及企业文化的角度，零工工作都可能只占据整个劳动力中的一小部分”。[14]

那么，零工经济的规模到底有多大？尤其是想要搞清楚整个劳动人口中有多少人参与零工经济，这取决于我们能看到的差异极大的数据。[15] 有人认为，零工经济的规模微乎其微。例如，哈佛大学（Harvard University）的经济学家劳伦斯·卡茨（Lawrence Katz）和普林斯顿大学（Princeton University）的经济学家艾伦·克鲁格（Alan Krueger）在 2016 年预计，在美国，只有 0.5% 的劳动力为按需服务平台工作，也就是说，服务方不到 8 万名。[16] 与此同时，美国参议员马克·沃纳（Mark Warner）援引了一个大得多（难以置信）的预估范围：“我发现，该数字已达到了 300 万~5300 万。”[17]

真实数字位于这些极端猜测区间的某个位置。事实上，撰写本书时，一个更切合实际的统计结果正在形成。几项研究使用了多种研究方法，从传统的问卷调查，到通过分析银行账户来确定收入来源，相对准确地预测了一个数字，零工群体约为英美两国工作群体的 4%。[18] 英国智库 RSA 于 2017 年春发布的报告估算出了类似的数字，英国目前有 110 万零工服务方，“约有 3% 的成年人尝试过某种形式的零工工作，相当于 160 万人”。[19]

从整个劳动力市场看，上述数字听起来似乎并不值得大惊小怪，但是我们要考虑这样一个事实，那就是大多数重要研究都尝试在更大范围的劳动力市场中测量零工工作的规模，结果往往会打折扣。当前的统计数字通常不会考虑零工工作的完整范围，尤其是当它们聚焦主要收入来源时。因此，服务方通过零工工作得到的补充性收入可能被官方的统计排除在外。[20]

零工经济正在逐渐地遍及全球。尤其是数字工作，它能轻而易举地跨越国界，被外包出去。2017 年 1 月，牛津大学网络研究院（Oxford Internet Institute）的学者发表了一项研究结果，该研究持续三年之久，详尽考察了全球的在线跨国零工工作。他们的结论表明，平台工作“对生活在中低收入国家的服务方来说，正变得越来越重要”。[21] 他们详细分析了肯尼亚、尼日利亚、南非、越南、马来西亚和菲律宾的零工经济，描绘出一幅并不陌生的画面：

> 尤其是撒哈拉以南的非洲和东南亚等地区，能将这种数字化中介提供的工作机会变现。由于青壮年失业率创历史新高，新兴国家的平均工资严重低于发达国家水平，因此特别需要新的工作机会……但也存在一些问题，如支付的下行压力、工作时间长、歧视，有些人缺乏社交机会等。[22]

从伦敦到开普敦，从纽约到河内，我们观察到机遇和威胁就像一面镜子，折射出本书所呈现的矛盾。

爆炸式增长

零工经济当前的准确规模无法确定，这的确是我们面临的问题。然而，鉴于零工经济在全球范围内的明显增长趋势（当你阅读此书时，上文引用的数据肯定已经过时），按需服务可能在接下来的几年中成为一个更加重要的话题。[23] 它正在迅猛增长。早在 2013 年，任务平台 Fiverr 的首席执行官米查·考夫曼（Micha Kaufman）就曾表示：

> 一场革新正在形成中，这是一种全然不同的经济样态，被我们称作零工经济。新型创业者作为劳动力，正在世界范围内快速增长，很快就会占据美国劳动力的 50%。[24]

无论你用什么数据来测量零工经济，是用提供任务的范围和受其影响的行业、营业额，还是需求方和服务方的数量，增长都是突飞猛进的。[25] 消费需求扩大是驱动产业增长的一个关键因素：由于越来越多的任务能够通过在线应用程序达成，无论是个体需求方，还是企业用户，都会依赖按需服务。[26] 例如，家政清洁平台“帮帮忙”自成立以来，每周都能收到价值 100 万美元的订单。[27] 与之类似，优步的应用程序也证明了它在需求方中的受欢迎程度。优步于 2009 年在旧金山（San Francisco）成立，在不到十年的时间里，它的服务已经在近 600 个城市落地，遍及 81 个国家，仅在 2016 年元旦前夜，全球订单数就超过了 1500 万个。[28]

这种爆炸式增长吸引了风险资本投资。2010 年，按需服务平台的初创企业只获得了 5700 万美元的投资，四年后，这一数字攀升至 40 亿美元。到了 2017 年，仅优步一家企业收到的投资，就超过了 120 亿美元，该公司市值接近 700 亿美元。[29]

为什么零工经济对投资者具有如此大的吸引力呢？想要回答这个问题，我们需要回到平台的商业模式，进一步审视其内在的经济学。在数字工作中介的世界，中介如何才能切实盈利？为什么这么多运营商的市值能被风险资本公司和其他精明的投资人推到如此高的程度？

零工经济的经济学

仔细审视数据，我们很快就会发现一些合理的解释。有人指出，零工经济创造了新价值，因为平台能更快地匹配需求方的需求和服务方的供给，依靠更智能的算法和复杂的评价体系把握其他被浪费掉的商机。还有一种说法更具批判性，认为监管套利（Regulatory Arbitrage）和负面的外部效应是多数平台估值高的核心原因。

匹配和中介

我们已经看到，之所以平台在匹配方面占据极大优势，其中一个原因是零工经济的商业成功背后存在着一个主导性说法，发现并创造了这种经济的剩余价值。继而，平台通过收费，获取了一小笔附加价值。毫无疑问，这就是事实：更快地完成匹配，极大地促进了产品功能和服务市场。

诺贝尔经济学奖获得者克里斯托弗·皮萨里德斯（Christopher Pissarides）是最早在就业背景下确定这种模式的代表人之一。[30] 试想一下，在劳动力市场中，有些企业正在某个城市寻找服务方，同时，另一个城市的人正在求职。对任何一方来说，都很难找到另一方，即用工方招不到人，求职方找不到工作。不仅这些“搜索摩擦”（Search Frictions）浪费时间，而且所有人都徒劳无功。通过技术创新，从位置追踪和用户评价，到可以为需求方和服务方配对的复杂算法，无论是完全通过网络，还是在现实生活中，平台都能极大地减少这种摩擦。凭借 MTurk，一位澳大利亚的经济学家能够快速找到一名美国学生，帮助自己处理庞大的电子数据报表。

更大的优势在于，匹配并非是平台消除的唯一一种市场摩擦。在拥有独立创业者的开放市场交易中，需求方需要花费大量时间和精力才能找到服务供应商的背景信息和工作经验、控制工作质量和协商价格。但是数字工作中介解决了这个问题：零工经济运营商会提供服务方的背景信息，处理计价和付款，并在整个交易过程中，为其提供（数字化）基础设施，这是数字工作中介的真正价值所在。

由于交易成本被大幅度降低，零工工作得以继续发展，罗纳德·科斯（Ronald Coase）描述的传统企业过时了；取而代之的是，我们进入了一个处于市场与层级之间的混杂世界。根据科斯的企业理论，公司之所以存在，一方面是因为企业管理者对其员工和其他生产要素所实施的管理成本，远远低于市场中针对每一笔交易讨价还价所产生的花费。[31] 另一方面，一旦一款应用程序解决了上述交易中的所有麻烦，那么科斯所说的创业者无须与服务方长期地讨价还价，更不用说投资；创业者可以用外部的人替换自己的员工，让他们按照需求完成各自的任务。

匹配被优化，交易成本降低，毫无疑问会创造价值：上文提到的经济学家能更快地完成工作，学生挣到了额外收入，与此同时，亚马逊还会因为提供了匹配和中介服务，获取几成佣金。截至目前，一切顺利，互联网可为陌生人之间的交易提供帮助，否则交易无法达成。然而，它无法回答一个基本问题：为什么共享经济平台如此重要？对那些只是依靠互联网快速匹配供需的初创企业来说，如何才能获得数百万元或数十亿元的估值，并自称为一场经济革命？毕竟，数字匹配服务、在线市场以及 Craigslist 和 Gumtree 等分类网站，都发展了近 20 年，其市值要低得多。

监管套利

朱莉娅·托马塞蒂（Julia Tomassetti）教授严厉批评了此说法——只有通过优化匹配，降低交易成本，才能实现平台创造的主要价值。她认为：“若是用科斯的理论去仔细审视优步，结果如何？它无法成立。从科斯的角度看，优步并没有为传统公司书写墓志铭。”[32] 她表示，平台使用了市场语言进行表达，但却用老式雇主的方式运营，依靠技术严格管理自己的员工。

与现有竞争者相比，零工经济平台极大地降低了交易成本，对此托马塞蒂并没有否认。然而，仅仅交易成本降低还无法解释平台的现象级估值和颠覆性创新的说法，虽然有人会反对，但就平台的生产流程而言，真正的创新不多。优步遵循着传统出租车公司的基本原则；任务兔沿用了劳动力外包机构的做法。托马塞蒂指出，想要理解平台的商业模式，关键在于其他方面：平台只是“后工业企业”的一个最新案例。[33] 它们试图“将利润最大化，但却无须依赖生产性企业。与之不同，它们可以通过其他方式创造股东价值，如资产操纵、投机活动，以及此处最切题的方式，即监管套利”。[34]

这意味着什么？根据维克多·弗莱切（Victor Fleischer）那本影响深远的著作，所谓“监管套利”，是“操纵交易的结构，利用交易的经济基础与监管认定之间的差异来获利”。[35] 换句话说，企业可以试着调整业务结构，从而向监管部门隐瞒真正的交易过程，并规避法律。猜猜看，弗莱切为了说明“通用”套利技巧而列举的第一个例子是什么？“解雇员工，然后再将其聘请为独立外包商，以规避就业监管”。[36]

从这个意义上说，雇佣法（Employment Law），或者不如说是规避雇佣法，才是零工经济商业模式的核心。拥有巨大的按需服务的服务方资源，是平台交易的“经济基础”。雇佣大量劳动力产生了责任，这会为人口密集型商业模式增加成本。为了换取对劳动力的控制权，雇主应根据就业监管的要求承担如下经济负担：缴纳社保、保障最低工资、病假、健康和安全监管，以及工会协商。稳定的雇佣关系还会产生间接成本，因为需求波动的风险无法转嫁给单个服务方：无论是否有乘客乘车，公交车公司的司机都会按照固定路线驾驶，并领取工资。[37]

零工经济中的监管套利表现为多种形式。例如，共享出行平台坚持认为，出租车监管不适用于它们的业务。同时，服务方被描述成独立创业者，想要摆脱就业状态，这是贯穿始终的主题：通过否定服务方的法定权利，股东价值得以被创造出来。将服务方划分为独立外包商，这使得平台在提供服务时，无须支付他们的费用。资产、报酬、保险和税金，以及需求波动的风险，这些责任都被转嫁给单个的小微创业者。这种金融套现中隐藏了巨大的收益。用一位金融顾问的话说，“在特定的管辖范围内，这些事宜中的不利决定会让平台承担额外的补偿费用或税金，对其运营业务的能力产生实质上的不利影响”。[38]

监管套利还会带来负面的外部效应：平台活动的社会成本高于其私人成本。试想几辆共享汽车在街上转悠，正在寻找下一位乘客。我们已经看到，平台试图在任何特定时间都能拥有尽可能多的服务方。这对需求方来说，非常诱人，因为他们随时都能快速乘车，但司机却承受着切实的痛苦，因为供给远远大于需求。平台的算法将服务方束缚在一个低生产率的环境中，以便尽可能快地完成订单，但却忽略了司机寻找乘客所引发的成本，从时间和油耗成本，到大量汽车尾气带来的环境影响。经典经济学指出了这种影响：如果服务提供商无须承担其产品或服务引发的所有成本，那么最终可能会过犹不及。平台总是胜利者，但是实际上，单个服务方和整个社会却遭受损失。

烧钱

基于目前的发现，零工经济的股东们应该能欢欣鼓舞，并能收获可观的利润：无须投入资本或者承担其他负面风险，也能满足增长的需求。然而，实际上，多数运营商都在承受高额损失。交通产业分析师休伯特·霍兰（Hubert Horan）表示："截至2015年9月的一年间，根据公认会计原则（Generally Accepted Accounting Principles，简称GAAP），优步的亏损达到了20亿美元，收入只有14亿美元，利润增长率为 –143%……2016年的GAAP亏损很容易地超过30亿美元"。[39] 对其他平台来说，相应数额没有那么极端，但同样盈利困难。以任务兔为例，它的规划是要在2016年年末实现盈利，到期后，又毫不犹豫地放弃了上述说法，但坚持说，它会"很快达成目标"。[40]

霍兰指出，由风险投资提供的补贴是导致这些损失的一个主要原因：

> 优步乘客只支付了其旅程实际成本的41%；优步使用大笔补贴来降低车费，使其运输能力高于竞争对手，后者需要让乘客的车费能够承担100%的成本。很多其他科技初创企业之所以烧钱，是因为它们追求增长和市场份额，但这种量级的损失却是前所未有的。[41]

随着零工经济平台成为成熟的市场竞争者，日益加剧的损失引发了难题：它们是否能盈利？或者监管套利是否已经伪装成一种完全不同的模式，导致资本配置不当？伊莎贝拉·卡明斯卡（Izabella Kaminska）是最早提出上述担忧的人之一，她长期调查了优步的财务状况，并在《金融时报》（*Financial Times*）的文章中指出：

> 优步之所以便宜，并不是因为它为现有的出租车市场带来了创新，它最终使用的还是一模一样的叫车技术，而是因为投资人没有意识到，优步最伟大的创新之源是且一直都是廉价融资。
>
> 的确如此，从以促销、赠品为基础的极端打折策略，到完全忽视服务方的做法，都归功于廉价融资，这些资金源于游说活动，旨在改变法律框架，或是不计后果地让大量闲置运力涌入市场。若是没有廉价融资，上述所有问题都不可能出现。[42]

如果卡明斯卡是正确的，那么我们剩下的问题是：假设零工经济平台的快速增长就是源于监管套利和廉价风险投资，那为什么贪婪的投资人还要抢着来投资呢？被他们烧掉的钱达到了前所未有的数额，这种意愿背后隐藏着什么呢？

网络效应和垄断权力

当然，初创企业在早期普遍都会有损失，并不仅仅是为了获得市场份额而对产品进行补贴。这在有些产业中显得尤其重要，投资人希望利用网络效应，也就是说，如果使用某一特定服务的需求方人数增加，那么它的所有用户都会因此受益。[43] 不妨以一个新城市中的共享乘车平台为例。如果大量需求方使用某一款特定的应用程序打车，它会对司机更具吸引力，他们更愿意注册成为这款应用程序的用户。与之相应，有大量等待提供服务的司机，需求方更容易找到下一辆便车，费用更低，从而进一步激励新司机加入，如此循环。所以，零工经济平台投入数额巨大的现金来补贴司机和乘客，也就不足为奇了。

然而，休伯特·霍兰提出了质疑，认为这并非是事情的全貌。他指出，烧钱并不只是为了网络效应，还是平台追求垄断权力的一个步骤。他将视线再次转向优步这个最典型的案例，解释了其中的关系：

> 最关键的是，投资人提供的现金数额之高令人难以置信，达 130 亿美元之多，这与需要资助数年的掠夺性竞争所需的资金量级一致，用于挤走效率更高的现有服

务提供商。优步的投资人并没有把 130 亿美元都投入公司，因为他们认为自己能在“公平竞争环境”市场条件下，驱逐那些现有服务提供商；那笔数十亿美元的资金旨在将“公平竞争环境”下的竞争替换成毫无希望的战斗，战斗的一方是小规模的现有服务提供商，他们缺乏资金，为了支付必要成本而苦苦挣扎，另一方是一家受硅谷亿万富翁们资助的公司，这些人愿意提供长达数年的资助，为数十亿美元的损失买单。鉴于优步当前的增长，投资人的期望是，垄断租金能够调整当前的补贴水平和金融风险，这种期待看上去貌似很合理。[44]

这种解释代替了另一种完全不同的说辞，即零工经济平台的崛起会导致竞争愈加激烈，因为最终价格变得更低，而质量变得更高，在不惜成本地追求网络效应时，有些平台的目标也许依然是抑制竞争，而不是鼓励竞争。

从某种程度上说，个人运营商将一直处于变化中，他们的商业模式蕴含着开启新旅程的元素。然而，无论我们使用何种方法解读，其潜在的经济学看起来都站不住脚，我们将在最后一章讨论这个困境。一方面，更快的匹配、数字工作中介，以及分类评价算法，都有潜力创造更多的经济利益。另一方面，监管套利、外部效应，以及烧钱无数却缺乏收益率，都应该让所有人停下脚步，好好想一想。

按需服务的希望与隐忧

然而，我们中的大多数人似乎鲜少注意这些争议。企业和需求方类似，都转向零工经济，寻找四通八达的“便车”，把杂活儿和临时工作分类，通过网络把它们众包出去，同时，候选服务方貌似越来越多，争着满足上述需求。因此，无论是需求方，还是服务方，其日常生活经验和零工经济中的工作都愈发依赖公众监督，结果好坏参半。

生活中的光明面

就财务危机和日益走高的失业率而言，行业高管争辩说，零工经济平台“是希望的曙光……这股力量拯救了美国服务方”。[45] 这样看来，零工经济为服务方提供了不计其数的机会：它提供了灵活的工作，还可以在人们需要时，有机会挣到额外收入，[46] 无须像传统工作一样，在整个工作日受到严格管控，也无须对领导忍气吞声。对那些被传统就业市场排除在外的人群来说，它确实提供了一根救命稻草。通过 Fiverr 或 MTurk，任何人都能轻而易举地找到活儿干；只需要在网上注册一个账户，就可以挣钱了。

很多服务方表示赞同，并且乐意分享自己为何享受零工经济中的工作。以优步的官网为例，上面设立了“司机伙伴故事”系列专题：

> 父亲和母亲，老师和学生，艺术家和运动员。优步

司机伙伴来自各行各业，无论他们加入优步的目的是源于热情，还是利用闲暇时间赚取额外收入。欢迎认识来自世界各地的优步伙伴，了解打动他们的故事吧。[47]

他们的故事的确具有启发性，零工工作的灵活性和额外收入，让很多人能为自己的目标而奋斗，并实现了长久以来的梦想。来认识一下尤瑟夫（Yoseph），他从埃塞俄比亚（Ethiopia）移民到康涅狄格州纽黑文市（New Haven, Connecticut），在大学读书之余，驾驶汽车四处走，“最让尤瑟夫满意的是，在纽黑文开车能结识乘客。‘耶鲁大学吸引了各种各样有趣的人’。”[48] 再来看看“优步伙伴兼摇滚明星老妈克里斯汀（Christine），她加入优步，是为了给家族事业协调市场营销，支持儿子的所有棒球比赛”。若问她的建议？那就是“干就对了！”[49] 接下来是艺术家劳伦（Loren），这是西雅图的一位校车司机和探险家，“优步能让她在想工作的时候弹性工作，‘如果你需要打个盹儿，或者去杂货店，只需关掉蓝色按键，而且随时都可以回来接着干’”。[50]

并非只有服务方可以得到好处。需求方也能从零工经济的崛起中获得收益。之前买不起的服务，突然触手可及，只需按下一个键。任何使用过优步的客户，或者在 MTurk 平台上填写问卷的人，对快速低价服务交付后的便利性和满足感都不陌生。例如，有一项针对共享乘车平台顾客偏好的研究表明，顾客的满意源于更低廉的定价、更多的选择以及更容易的使用。[51]

在零工经济平台的帮助下，似乎一切皆有可能，就算是在“南加州排名第一的沙滩上”举办一场儿童生日派对，也不成问题：

> 有位来自洛杉矶的客户打算为她8岁的儿子举办一场海滩生日派对，预计有40位客人，她正在寻找一些帮手……幸运的是，任务兔为她匹配了名为莱茵·F.（Rain F.）的接单人，莱茵有过与孩子接触的相关工作经验，她还是一位成就卓越的活动策划及执行人员，是完成该任务的完美人选。她全程面带微笑，在她的帮助下，派对取得了圆满成功！[52]

除需求方受益外，整个社会也因此受益。零工经济让我们利用了原本浪费掉的时间和资产，从而驱动经济增长。在失业率增长的形势下，这些平台创造了工作机会，为服务方带来了额外收入，并将过去存在问题的行业工作变得正规化。它们的匹配算法有助于“提升陌生人间的信任感……这是交易的一块基石，也是另一种技术”。[53]

零工工作的崛起，可能还会以更为间接的方式为社会带来意料之外的收益。纽约市立大学（City University of New York）的杰西卡·林恩·派克（Jessica Lynn Peck）开展的一项研究表明，优步的普及减少了由酒驾引发的事故，据她估计，自该平台2011年5月在纽约市上线以来，酒驾引发的擦撞事故降低了25%~35%。[54] 按需服务还能改善环境，根据一份 2010 年北美共享乘车的研究，每多一台共享汽车，可以减少 9~13 辆私家车上路。[55]

月球上的阴暗面

然而，按需服务经济在受到赞美和喜爱的同时，它也引发了同等程度的担忧。越来越多的文章、政策报告和学术成果呈现出另一种图景，更加黑暗的图景。此类看法是，零工经济狡黠地剥削着服务方，还可能对需求方和普罗大众有害。

2017 年初夏，英国进行大选前，下议院议员弗兰克·菲尔德（Frank Field MP）担任下议院的工作及退休金委员会（the House of Commons Work and Pension Committee）主席，监管一项针对零工经济工作的重大调查。摆在委员会面前的证据令人非常不安。在后来提交给伦敦交通部的非公开报告中，他敦促管理者发布“三大恶行”，而且“需要在这个特殊领域的劳动力市场增加一个托底保护措施”。在 *Sweated Labour: Uber and the Gig Economy* 中，曾有下列极端的描述：

> 我们忧心忡忡地指出，为优步工作的司机向我们描述的状态，看起来非常契合维多利亚时期对“血汗劳工”的定义。根据 1890 年上议院的一个专案组（House of Lords Select Committee）的规定，“血汗”劳动包括以下情况：所得收入很难维系生存；劳动时间几乎占据了服务方的所有生活，使之不停操劳；工作条件对服务

方健康造成伤害，并对公众有害。[56]

一项针对司机缴纳服务费的分析表明，即便司机必须“延长自己的出车时间来维持生活”，但他们“拿回家的收入，有可能无法达到国民生活工资的三分之一”，而且“无法自由决定自己的工作模式”。[57]

与之类似，美国国家雇佣法项目（The US National Employment Law Project，简称 NELP）也批评了零工经济工作的“微薄薪资”以及其剥削性的工作条件。[58] 无法预测的消费需求使得灵活性变得虚无缥缈，收集的海量数据侵犯了用户隐私，服务方变得愈发孤立，相互间只剩下竞争。

英国特许人事发展协会（Chartered Institute of Personnel and Development，简称 CIPD）开展了一项调查，进一步发出警告，零工经济服务方的财务弹性普遍降低，约一半的服务方表示，“如果自己因为不可预见的原因丢掉工作，若想按时支付重要的账单或生活成本，生活费连一个月都支撑不了，或者最多坚持两个月”。[59] 心理学家越来越强调，不安全的低薪工作可能导致公共健康受到危害。[60]

这些担忧并不是什么新鲜事。学者们很久以前就指出，技术是劳动力市场不平等的主要驱动力，造就了“网络无产阶级”。[61] 劳动社会学家乌苏拉·胡斯（Ursula Huws）教授在零工经济出现几十年前，就讨论过“网络无产阶级的形成”。[62] 然而，随着技术的快速发展，上述很多趋势都已经棱角分明，其崛起也引发了对需求方和更大范围的社会福利的担忧。

想想这个例子，承诺用更低的价格提供更好的服务，这个承诺与对零工经济的产品及服务质量的担忧越来越矛盾。人们不难发现质量为什么会受到影响："它们远远超出了人们的支付能力，无法与已有的主要竞争者平起平坐。"[63] 此外，价格往往高于需求方愿意接受的程度，动态算法促使平台根据需求以及其他各种因素来提高价格，这比潜在成本高了几倍。[64]

就整个社会而言，很难否认经济活动增长所带来的整体收益，但要如何平等分配？媒体评论员对劳动力市场固有的两极结构表示担忧。就像《经济学人》（*The Economist*）指出的那样，零工经济创业者，

> ……已创立了太多的按需服务企业，及时地把时间宝贵的都市专业人士与缺少工作的服务方联系起来，在这一过程中，创造了一幅由技术驱动的社会分化图景，有时看起来令人厌恶。凯文·罗斯（Kevin Roose）曾在《纽约杂志》（*New York*）上撰文讨论按需服务经济，文章开篇表明，他通过"家政乐"（Homejoy）雇佣的保洁工居住在一家流浪者收容所。[65]

还有一些担忧涉及整个竞争型市场经济的未来。想想以下案例，英国智库 RSA 担心：

> 只有少数共享平台能够将其网络拓展至更大范围，使其开始展现出垄断权力的信号，影响产业的价格、输出和投资，并限制新竞争者进入。[66]

有些零工经济平台并非只是灵活的初创公司，它们能成为真正的威胁，令市场陷入困境，并成为根基牢固的垄断者。

接下来会怎样

如果审视这些矛盾说法背后的经验性证据，我们会得出一个结论：双方都有道理。为什么呢？那是因为支撑零工经济工作的任务和工作条件具有极大的多样性。这种多样性是贯穿本书的关键主题之一。[67] 虽然在为按需工作寻找整体解决方案时看似简单了，但我们确实无法简单粗暴地把零工工作当作一个单一大类分析处理。

也许在意料之中，世界银行（World Bank）近期发布的一份报告指出，工作的多样性带给服务方的体验差异极大：

> 菲律宾的一位网络兼职服务方表示，自己在“欧桌”（oDesk，已升级为 Upwork）上每小时能够获得 3~4 美元的收入，提供抄写、数据输入以及基础的管理服务。与之相反，一位经验丰富的尼日利亚网络自由职业者表示，自己通过软件开发和网页设计，每小时的收

入为 20 美元。高端网络自由职业者提供专利或风险资本顾问服务，每小时收入超过 40 美元。[68]

2016 年秋，麦肯锡咨询公司（McKinsey）在一项深入研究中把零工经济服务方划分为四类，分别是：自由代理人（Free Agents），他们“主要的收入来源是独立工作，并主动选择这种工作方式”；临时创收者（Casual Earners），他们选择依靠零工工作来补贴自己的收入；无可奈何者（Reluctants），他们“主要的收入来源是独立工作，但更愿意从事传统工作”；还有资金紧张者（Financially Strapped），他们“更愿意无须通过兼职工作就能让收支相抵”。[69] 总之，研究报告指出，大多数零工劳动力属于前两类，主动选择参与零工工作。然而，报告的撰写者却观察到：

> ……问题所涉及的范围令人震惊。我们把调查结果按比例增加后显示，5000 万欧美人不得不从事独立工作，其中，超过 2000 万人把独立工作当作自己的主要收入来源。[70]

更重要的是，该研究发现，低收入家庭更容易依赖缺乏安全感和稳定性的独立工作，这与较高收入的家庭不同，对后者来说，它只是其中一种选择。[71] 最终，选择自由也是决定零工工作服务方是否能享受工作的一个关键因素：“不出意料，那些被自身环境所迫……而从事独立工作的人们表示，其满足感要低得多。”[72]

有关按需服务经济造成的更广泛影响，其可量化的事实证据“非常片面，也无法令人信服。在很多情况下，它只是道听途说，往往被股东拿来应对当前的争议”。[73]如此一来，讨论零工经济时，我们要将希望和隐忧同时铭记于心。后面的章节将会深入到产业中，讨论服务方和需求方的体验为何具有如此大的差异。现在，是时候探究我们遇到的矛盾性故事了，看看它们的背后到底有何更广泛的含义，因为在构建有关零工经济的法律监管叙事中，它们是关键的组成部分。

第 2 章　欺人之谈

“大部分政治语言都是双关语、回避问题以及完全不知所云的含糊其词，”1946 年，乔治·奥威尔（George Orwell）如此写道，“当一个人的真实想法和对外宣称的目标相左时，他会本能地使用长篇大论和无数的俗语反驳，就像喷着墨水的墨鱼一样。”[1] 当然，奥威尔是在极为不同的历史环境下做出上述评论的，如今的俗语如薄荷一般清新，并不会让人乏味，但其隐藏的警告就跟 70 多年前一样重要。

零工工作既展现了巨大的机遇，又表现出严重的问题。然而，这一复杂现实却鲜少引起公众的关注。游说工作正在进行，力度很大，政治风险很高，随着监管机构设法应对按需服务经济的崛起，零工经济的欺人之谈企图塑造我们对这个产业的理解，而且更重要的是，塑造对它的法律监管。

为了理解零工经济，我们需要回顾有关创新与技术、分享与合作以及“零工”和“任务”的术语。首先，我们会聚焦以下主张，即零工经济不应该受到监管：平台被塑造成数字版的“抗击歌利亚巨人的大卫”，而监管则是在为这些巨人保驾护航。这种说法经过多次迭代，每个版本的精明老练程度都各有千秋。从最坏的角度看，这种说法告诉我们，法律阻挠了创新，而且完全不应对“颠覆性”企业的指手画脚。

在更为复杂的维度上，我们收到了对新监管形式提出的各种建议，但主题是一致的：与其依赖国家的民主法制监管机构，不如“发展更理性的、更强调伦理的参与式监管模式，在这些模式中，用户和服务提供商承担同样的责任，并实施相关监管”。[2]然而，这种观点不会困扰我们太久：即便简单看两眼也能明白，颠覆式技术的说法只不过是为了理直气壮地忽略现有监管体制，或违反现有法律罢了。

同时，有种做法是持续不断地尝试重新包装工作，这值得我们展开更为细致的分析。最初，这种策略在更大程度上是为了把新兴的模式塑造成一种远离经济活动的社会运动，或者至少在根本上与传统工作保持天壤之别。然而，现实很快追上来打脸：一方面，现在的多数评论者对这个行业的商业目标一清二楚，法庭越来越关注复杂的合同，其条款试图将雇员重新塑造为独立外包商；另一方面，零工经济实现了真正的创业和创新，这种说法引发了更大的挑战，如果是真的，那就不会为传统的就业监管保留多少空间。

塑造叙事逻辑

1971年，诺贝尔经济学奖获得者乔治·斯蒂格勒（George Stigler）在谈及对产业有利的经济监管时，列举了多种益处，并强调主要竞争者会“搞定”监管机构，使自己获得优惠待遇。[3]他表示，这种影响可以表现为多种形式，从行贿到提供薪资丰厚的工作。然而，最重要的元素是

“信息不对称”，受监管的企业比其监管者所拥有的信息明显更多。[4]

产业叙事是塑造这种信息不对称的关键工具。我们很难监管自己不懂的东西，或者是创新的和与众不同的东西。因此，首先确定产业本身逻辑的合理及其社会影响的正向性，并以此为基础进行监管，这对任何产业都非常重要：没有任何一位政客会（或应该）反对培养真正的创业和创新吧？

那么，意料之中的是，多数平台会雇佣若干广告商和战略顾问塑造自己的公共关系和政治沟通渠道。大量从事按需服务经济工作的产业代表群体和游说组织涌现出来，其透明性也各不相同。

共享经济评论者汤姆·斯莱（Tom Slee）提出 Peers.org 这个特别有意思的案例，以此说明游说工作“为获得经济利益，盗用了集体行动和开明的政治语言”。[5] 该平台为自己贴上不同的标签，包括“鼓励会员支持共享经济的组织”“全球最大的共享经济独立社区”，还是旨在“把共享经济变成更好的工作机会，从而为服务方提供支持”的平台，但现实上却似乎总有些不太一样。[6]

《沙龙杂志》（*Salon*）的安德鲁·雷奥纳德（Andrew Leonard）接到一个促销电话后，质疑道：

> 那么最显而易见的问题是，Peers.org 代表谁？该组织当时的主任娜塔莉·福斯特（Natalie Foster）将 Peers.org 描述成一个“草根组织”，旨在“推动共享经济”。

> 但一位彭博社（Bloomberg）记者通过电话采访向其提问了一些试探性的问题，继而很快确认“草根”并不是形容 Peers.org 的最佳词汇。福斯特最后承认，其与 22 家合作伙伴合作运营，其中好几家机构都是共享经济领域的运营公司。[7]

就像很多硅谷的风险项目一样，Peers.org 经历了数次波折，改变了其商业模式，但对外宣传依然是“帮助共享经济的服务方”，在写作本书时，它的主要业务是为按需服务提供入口，为大量平台做广告，并提供相关服务，最有名的服务是保险。[8] 便携福利（Portable Benefits）包括健康保险、退休金储蓄套餐，甚至包括与福利等额的公司奖金，其中“每完成一项工作，达成一笔交易，或者运送一位乘客，你所任职的公司就为你的福利花费买单”，然而，这些功能总是处于“即将上线”状态。

其他组织在某种程度上更透明，至少它们的会员制如此。以“科技纽约城”为例：

> ……这是一家非营利性会员制组织，代表纽约市技术企业……并提倡强化监管环境的政策，支持纽约市技术公司和技术人才的增长；促进企业向包容性和多元性方向转变；并为所有纽约人提供沟通通道、技术工具和培训。[9]

英国共享经济（Sharing Economy UK）成立于 2015 年 3

月，是一家贸易机构，其目标更为明确。该组织自称开始着手“与政府合作，代表共享经济社区，游说做出改革，以保护需求方和共享经济业务”。[10]

让监管者无从下手

当然，对游说者和被游说者双方而言，努力游说都不算稀奇：每个行业都试图让公众对其活动做出正向评价。然而，零工经济的欺人之谈的根本性目的之一，除了市场营销之外，还要培养特定的政治及监管反馈。在最极端的情况下，它呼吁平台要完全摆脱监管，认为现有的法律制度不利于需求方和服务方，还在为它的竞争者保驾护航，帮它们对抗灵活且具有颠覆性的初创企业。

这种逻辑禁得起推敲吗？一方面，有些平台需要在那些受监管的行业中运营，如城市交通，从这方面看，反对某种法律干预的激进观点中包含部分道理。另一方面，这是否能被推及至整个零工经济，看起来还不太明朗：有些参与者自己很快就变成了“歌利亚人”（传说中的巨人之一），大多数按需服务平台并没有在受严格监管的行业中运营，“颠覆”这个观念可能需要重新定义。

颠覆性的“大卫们”

《撒母耳记》（*The Book of Samuel*）讲述了以色列人和非利士人之间的战争。巨人歌利亚（Goliath）对着扫罗

(Saul)的部队高谈阔论了40天后，一位名为大卫的牧羊人出现了。虽然大卫以前只跟野兽搏斗过几次，但却走上前打败了巨人。他只凭借一个弹弓和几块石头，就重创了披着盔甲的敌人。[11]

在很多硅谷投资人的眼中，这就是按需服务经济的应用程序及平台实现增长的绝佳模板：灵活的初创企业，命中注定要颠覆大企业，即使面对繁文缛节和过多的监管，最终却获得了成功。

如果宗教故事看起来夸大其词，那请稍等：我们会反复遭遇共享经济的激情，及其对未来经济和劳动力市场的先知异象：

> ……在2008年2月的一个寒夜，马萨诸塞州剑桥市（Cambridge，Massachusetts）的28岁的IBM工程师布斯克（Busque）发现，她需要为自己的黄色拉布拉多犬买狗粮。但她不想在大雪天外出。“我想，要是有个网站能解决我的问题，那该多好啊！”她说道，“在这个网站上，我可以自己定价格，花钱雇别人完成任何任务。他们应该是我的某个邻居，愿意接受我要支付的费用，买到狗粮。”[12]

你也许会说，很多大型技术企业都有这样的故事：苹果公司（Apple）诞生于史蒂夫·乔布斯（Steve Jobs）的车库，马克·扎克伯格（Mark Zuckerberg）从哈佛大学辍学后成立了脸书（Facebook）。的确如此，但当我们讨论平台的运营神话及其在社会中的位置时，事情变得更加困难。在这种光芒中，创业神话通常存在一个更大的叙事中，旨在将其美化为被监管商业活动边缘化的微小参与者，从而保护按需服务业务，使其脱离监管的掌控。

在为杂志《自由的加图》（*Cato Unbound*）撰文时，马修·费尼（Matthew Feeney）滔滔不绝地谈起反对管理按需服务经济平台的情况：

> 共享经济公司已经强调过，很多交通、住宿和其他产业的监管在本质上是过重的负担……监管机构应该反对那些将老式监管强加于新的创新企业的倡议，或反对制订鼓励任人唯亲和扼杀增长的新规定。共享经济的竞争者值得拥有竞争机会，监管者通过取消对颠覆性共享经济行业的监管，可以帮助它们达成这一目标。应该由自由市场的力量，而不是监管组织，来决定哪个供应商存活下来，以及哪家失败。[13]

如此一来，在这个故事中，政府监管被描述为保证大企业的利益，否定创新型初创企业的竞争机会，鼓励任人唯亲，并抑制增长。同时，一家市值高达几百亿美元的公司的联合创始人可以跟《金融时报》吹嘘，说自己是“天生的托拉斯粉碎机”。[14]

监管之战

反对监管的观点侧重不同，从直接反对国家干预，到呼吁极为不同的监管新模型。前者可以成为平台快速扩张的关键，尤其是在交通运输行业，许多运营商都依赖“不求许可，但求原谅”的策略。根据管区及城市的不同，相关细节也存在差异，但基本问题往往是同一个：传统交通运营商和优步、来福车等平台是否适用同样的监管和授权制度呢？从历史上看，国家和地方的监管机构已经让出租车公司强制遵守了大量要求，包括授权资格、价格控制、司机背景核查及一般准入条件等。平台指出，它们的运营存在根本上的不同，因此不应该受限于同样的要求。

这迅速导致了优步平台与监管机构及现有行业的冲突，在世界各地都备受关注：在伦敦，优步对要求伦敦来自非英语国家的司机必须通过语言测试开始了漫长的诉讼；在纽约，优步与市长比尔·白思豪（Bill de Blasio）发生了激烈冲突；在内罗毕（Nairobi），优步汽车被焚烧；在法国，由于被控“非法”运营出租业务，优步公司高管而被警察逮捕；2015 年，德国法院甚至签发了一项指令，禁止某些优步服务；2017 年春，优步宣布退出丹麦，以应对新出台的出租车管理规定。[15]

第一种观点认为，即便是那些不直接反对监管的人，通常也会强调“先试验，后监管”的好处。例如，纽约大学斯特恩商学院（New York University Stern Business School）的阿伦·萨丹拉彻（Arun Sundararajan）表示，“历史表明，不同的经济类型需要不同的监管方法……想要简单地采用现有规则，并将其应用于一种新经济，是不可能的，在经济上也是不可行的。”[16]

第二种观点认为，现有监管已经僵化到无法修复的地步，但是这种说法遭到了强有力的反对。例如，剑桥大学教授西蒙·迪金（Simon Deakin）曾坚决主张，如果“技术能进化，那么法律也可以”。[17]

在强调监管试验时，各派学者都提倡，要采取一种“创新法律视角”，以支持“无许可创新”，“一般情况下，要默许新技术及商业模式的试验……如果问题继续恶化，那之后可以把它们解决掉”。[18] 然而，上述方法并没有考虑到这一点，即因为过去的决策，当前及未来的选择具有强大的局限性。换句话说，监管的路径依赖性在很大程度上有利于谨慎思考，其次才是破坏。

第三种观点承认有些监管会继续发挥必要的作用，但坚称最好让按需服务经济本身来提供监管：“监管通常与信托条款相互交织，并非总是需要依赖政府。换句话说，历史可以证明，监管可以呈现为多种形式，包括政府监管和其他监管。”[19] 在一篇题为《同伴共享经济中的自我监管与创新》的短文中，莫莉·科恩（Molly Cohen）和阿伦·萨丹拉彻提倡“把监管责任重新分配给政府以外的组织”：“平台不应该被当作被监管的实体，而是作为一个参与者，是该领域监管框架中的一个关键部分”。[20]

进一步思考会发现这种观点存在几个问题：①就像科恩

和萨丹拉彻两人指出的那样，某些被监管领域可能会出现明显的利益冲突。[21] ②我们已经发现，并在第6章中详细讨论，按需服务经济中的某些平台表现出了强劲的趋势，几乎成为所在市场中的垄断者。在这些情况下，自我监管可能会导致利己主义式监管。想要一窥早期针对我们预期的自我监管的讨论，可以阅读《英国共享经济行为准则》（*Sharing Economy UK's Code of Conduct*），会员必须要签署该协议。此外，最明显的限制似乎成为一种义务，以保证平台的联系信息在网上是清晰透明的。[22]

新歌利亚人

大多数学者提倡彻底取消监管，或者实行产业自我监管，认为这样可以促进小微企业的创新。这是一个有问题的假设，原因有很多。虽然激烈竞争确实是可取的，而且一直以来都有新平台成立（旧平台走向破产），但很多按需服务产业的关键参与者本身很快就变成了歌利亚人；其他人从一开始就从未碰到过如此友好的监管法规。实际上，“颠覆”在很大程度上成了另一个完全不同的活动的代名词——违法。

就固有经济利益所面对的挑战而言，如果现在的监管只是入场的障碍，是对现有参与者的保护，那么服务方和需求方应该欢迎更多的竞争。降低获取劳动力和进入服务市场的难度，将会让很多人受益：想想伦敦那些潜在的出租车司机，他们无须为了通过“理论”考试，花几年时间研究伦敦街道。问问那些不得不与脾气暴躁的巴黎出租车司机打交道的需求方，以及周五下午在雨中的曼哈顿费劲打车的人们，他们都能证明这些新型服务的消费价值。[23]

圣地亚哥大学的奥利·洛贝尔教授指出，在审视平台经济的法律规定时，应该区分“难处理情况”（危及公共福利）和“易处理情况”（法律规定阻碍了竞争，并创造了入场障碍）。她指出，雇佣法的问题属于难处理情况，但对传统的出租车监管而言，事实并非如此：

> 有些法律并非为了促进福利，而是保护现有利益，它们属于易处理情况……行业利益相关者往往认为，尝试增加许可要求，是给共享乘车企业和出租车公司，或者其他平台公司及其所颠覆的企业，“创造公平的竞争环境”，但实际上，这些尝试一般会给平台发展和竞争市场带来更大的危害。[24]

然而，很多平台从未碰到过上述问题，这说明它们并非在严格监管的环境中运营。从这个角度看，共享乘车应用程序其实在混淆视听，组装套装组合家具、完成网络调查问卷和送外卖，鲜少面临与地方出租车市场同等程度的监管。实际上，对雇佣法而言，平台的运营环境是在交通运输等监管严格的行业，还是在完全没有监管的领域（如家政清洁），往往是个无关紧要的问题。[25]

主张把平台看作具有颠覆性的大卫的观点很难经得起推敲。英国皇家艺术协会（UK’s Royal Society of Arts）高级研究员布尔米·巴拉拉姆（Brhmie Balaram）曾质疑过灵活的创业者试图与大企业抗衡的说法："共享经济中的少数公司超过了传统行业巨头，加入了现有垄断者行列。"[26] 实际上，这看起来都比不上大卫冒险抗击狮子或者熊，现代版的圣经故事表明，大卫买入了野生动物的股份或资产，而不是将其带入开放的竞争中，来福车为拼车运营商"搭便车"（Hitch）和交通工具服务平台"樱桃树"（Cherry）提供的乘车服务，用的就是这个套路。[27]

出于类似的原因，歌利亚人也无须担心，因为真正的冲突鲜少出现，一旦露出苗头，如今的对抗双方似乎更愿意分享自己的帐篷，避开正面对抗。在一场旷日持久的战斗中，优步和滴滴出行两家公司花费数十亿美元补贴乘客和司机，最终优步于 2016 年 8 月宣布，将整个中国运营部分出售给竞争对手滴滴出行，换取后者近 20% 的股份。结果如何呢？北京的乘客很快就发现车费几乎涨了一倍，因为折扣码和其他补贴被火速撤销了。[28]

颠覆性创新

有些共享经济的支持者认为，平台对现有商业模式的创新性颠覆在驱动着增长，在任何情况下，社会都是主要的既得利益方。毕竟，无论战场上有多少步兵，与动用重甲强剑相比，捡起几块石头，用小弹弓把它们射出去，是用一种资本松散型的方式在商场上杀敌。

支持颠覆性创新理论的一位哈佛商学院泰斗回应道：这

种说法并不完全正确。2015 年 12 月，克莱顿·M. 克里斯滕森（Clayton M. Christensen）在《哈佛商业评论》上撰文，指出“优步在金融和策略上的成就与其造成的真正破坏无法相提并论，虽然该公司几乎总是如此进行自我宣传”。[29] 按照克里斯滕森及合著者的看法，颠覆性创新需要“为低端市场或新市场提供立足之地”，需要花时间提升质量（即“颠覆行为怎样促进某个市场价格降低”），优步跟其中任何一条都不沾边。

这并不是说要打击激进观点的持有者，他们主张，欺人之谈在继续渗透，根据需要重新塑造现有观念和管理话术，直到达成并涵盖颠覆论。

最初，克里斯滕森中规中矩地描述了“拥有较少资源的较小公司成功挑战地位稳固的现有企业的过程”。[30] 然而，曾担任过技术创业竞赛“重大科技革新”（TechCrunch Disrupt）主持人的科技作家保罗·布拉德利·卡尔（Paul Bradley Carr）观察到另一种状况：

> 最初，硅谷对颠覆性企业的定义是，一家小规模公司本身能撼动较大的行业或自大的竞争者。然而，会议演讲台上充斥着越来越多自以为是的人，千禧一代的创业者发誓要“颠覆”真实世界的法律和监管，就像我偷了你家的狗，是“颠覆”了宠物所有权的理念。在很多情况下，法官都会问创业者：“这合法吗？”，创业者不可避免地回答：“目前还不合法。”观众哈哈大笑，报以

热烈掌声。多么无所畏惧！如此具有颠覆性！事实是，硅谷当前对“颠覆”的定义实际上已经进化成非常有害的东西。[31]

在共享经济的欺人之谈中，忽略监管可能会被视为最高级别的“美德”，把平台的违法行为跟圣雄甘地（Mahatma Gandhi）、罗莎·帕克斯（Rosa Parks）之类的抗争英雄联系起来。弗兰克·帕奎尔教授和西瓦·韦迪亚纳坦（Siva Vaidhyanathan）曾用类比方式反驳了这些差异，他们认为：

……“企业无效”理念跟随着美国（内战期间）南方的州长和立法者的脚步，自称可以自由地“废止”联邦法律，但本质上是在歪曲宪法，并对宪法进行投机取巧的解释……当企业致力于一项废止活动时，就变成了受自由主义启发的尝试，赶在监管机构有工夫来应对它们之前，就为自己的服务打下群众基础。[32]

在最极端的情况下，有种说法是，在“以众人为基础的资本主义”世界中，取消监管能促进创新，往好里说，它把政府监管当作无关紧要的事情，往坏里说，政府监管限制破坏了大有前景的创新。实际上，它不过是在尝试确保某些平台收益的最大化，但是牺牲了竞争者、需求方和整个社会。

虽然平台促进竞争的说法是有道理的，但多数人不可能听信笼统的推论就支持彻底取消监管。这种欺人之谈误用了传统的颠覆性进步观念，而且最糟糕的是，这种操作借用了一个不加掩饰的借口——只要不被监管机构抓住，就可以违法。

在塑造大家对零工经济工作的认知方面，平台已经取得了更大的成功。鉴于雇佣法是整个行业的一个关键限制因素，企业含糊其词地将以平台为基础的工作包装成了创新型创业。

重塑工作形象

2016 年初夏，英国运动用品零售商动来公司（Sports Direct）的老板迈克·阿什利（Mike Ashley）被英国议会的专案组（Parliamentary Select Committee）传唤，针对他的主要货舱，回答一系列有关工作条件的问题。员工通过外包代理签订了所谓的零小时合同，员工不但要连续性工作，而且他们还要遵守霸道的“六不准条款”，根据该条款，即便是最微不足道的违规，员工都会被解雇，而且只能拿到低于国家最低工资标准的薪水。

相应报告的结论证据确凿：

> 动来公司的工作实践和商业模式备受关注，但是情况令人极度不安。动来公司服务方的薪水低于国家最低工资标准，服务方或是因休息一会儿喝口水，或是因病请假，类似情况都要被罚款……另外，似乎还发生过严

重的健康问题和安全事故。2016 年发生在英国的事件，是对动来公司管理层的严重控诉。[33]

与之相比，美国民主党众议院议员埃里克·斯瓦尔韦尔（Eric Swalwell）和共和党众议院议员达雷尔·伊萨（Darrell Issa）宣布，共同发起“两党共享经济会议，关注这一迅猛增长的行业及其对我们社会和经济的影响”。[34] 一群产业游说者和专家也参加了经济会议的发布会，包括纽约大学斯特恩商学院的阿伦·萨丹拉彻以及来福车负责政府关系的副总裁大卫·埃斯特拉达（David Estrada）。

他们的结论是？

> 该会议将探讨共享模式可能带来的机遇，以及国会如何促进这一新兴领域带来的创新，并关注其挑战……美国人越来越依赖互联网实现各种创新型服务，这些服务以更高效的方式提供他们从事商业活动的机遇，进而提供了新的便利手段，美国人依此聚集在一起……我们会关注这些开创性的产业，确保国会采取一切必要措施助力下一个伟大的想法，而不是制造障碍。[35]

我们将在第 3 章中看到，与动来公司提供的低薪自愿合同相比，按需服务经济中的工作现状甚至更严峻。共享出行的司机一旦开始自己负责汽车的运行成本，就需要为得到最低收入而拼命努力，服务方因为拒绝接受一些特殊任务而被封号，很多人发现自己工作时间过长，远远超出了健康和安全极限。那么，为什么迈克·阿什利（理所应当地）受到英国议会的专案组传唤，但美国国会的跨党会议却在为共享经济摇旗呐喊呢？英国税务部门对动来公司进行监管调查，但华盛顿却在来福车公司“开始碰到监管障碍前”施以援手，为什么会有这种差异呢？

这是因为语言的力量，这种话术重塑了大众对工作的印象，塑造了监管反应。零小时工作由于剥削服务方、低薪和不安全而备受指责，而零工经济因为促进创新和创业而受到褒奖。

话术

我们不再谈论“工作”。“零工”“任务”“搭车”“顺风车”“忙碌”“热门”“帮忙”等热情洋溢的词汇，已经开始取代劳动力市场中的传统词汇。[36] 按需服务经济使用自己的专用术语，试图逃避现有的监管。在塑造我们对按需服务的理解中，语言是关键组成部分，将平台美化成社群参与者，而不是经济运营者，将就业重新塑造成自由创业。

1. 同伴、邻居、朋友

在发展初期，零工经济使用“合作消费”等话语，[37] 例如，同伴共享，邻居互助——“用来福拼车出行。无论何时想要用车，来福车都是为你提供出行服务的朋友。”[38] 令人吃惊的是，与按需服务经济相伴的是，工作已经被贴上了各种标签，甚至变成被认可的经济活动，唯独不被称作工作，至少有一家美国外卖平台已经从逻辑上把这种趋势推向极致，将自己的产品称作“帮手”，由“信使”送达，这些人被包装成“英雄”。[39]

通过“把劳动……重新包装为对他人提供的一种善意帮助，而不是传统的为获得酬劳而工作”，[40] 按需服务平台希望规避监管义务，该义务是多数司法机构要求普通雇主和所有企业强制执行的。毕竟，谁会反对些许非正式的友邻帮助呢？更不用说建议国家应该对它进行监管了。大多数人都很难想象，穿过市区给正在吃串儿的朋友带过去几瓶啤酒，还要受到一条通用商业条例的合法监管。

根据这种说法，风险不能再高了：

> 经济共享通过强化社会群组结构，提升了整个社会的福利水平，促进了社会平等，长久以来已经成为人类文明的核心。当前，人类面临的关键问题在于，我们是选择支持并扩大国家及地方的共享体系，还是让那些在观念上把共享置于政策制定核心的人，进一步削弱并废除它们。[41]

然而，对大多数平台而言，“非正式共享”或者“同伴合作”，就像“促进社会平等”和“强化社会群组结构”的概念是一样，这对优步联合创始人特拉维斯·卡兰尼克（Travis Kalanick）来说，可能是陌生的概念，这是因为非正式社群互助的规模无法被扩大，也无法被商业化。

想要从话术中逃离出来，是一件很难的事情，而且重要的是，不要上了集体精神或“共享精神”的当，稀里糊涂地认为，零工经济意味着做生意。娜塔莎·辛格（Natasha Singer）在为《纽约时报》（*New York Times*）撰写的稿件中指出产业误用语言的一些问题，从“共享”和“同伴”，到“人民”和“合作经济”。她所反对的“是话术本身，以及它如何构建了技术赋能式交易的框架，好像它们是利他主义的或是社群努力似的”。[42] 莎拉·奥康纳（Sarah O’Connor）通过《金融时报》对此表示赞同：

> 如果有一个词能让我对“共享经济”少点不满，那就是“合作经济”……这里到底有什么东西正在被分享？谁在和谁合作？Upwork 平台上的自由职业者并没有与世界分享他们的技能，就像我也没有与《金融时报》分享我的技能一样。[43]

这并不是说，这个产业中不存在平台真正想通过同伴服务在为用户降本增效，如法国的“咩咩车”（BlaBlaCar）或加拿大的“白色出行”（BlancRide），前者协调跨城用车，并将司机的收入固定在大致的油耗成本上，[44] 后者连接了城市上班族。[45] 然而现实是，在按需服务经济中，大多数企业都是追求利润的，“在他们所支持的交易中一边挣着钱，一边包装自己的品牌形象，扮演着令人反感的角色”。[46]

2. 消极的平台，自由职业创业者

即便平台运作背后的经济驱动力变得清晰，以上话术依然扮演着重要的角色。首当其冲的是，将雇员（这些人享受一系列保护性资源，从最低工资标准到反歧视规定）重新包装成独立的自由职业者兼创业者（平台无须提供上述保护，也能雇佣这些人）。由此产生的逻辑就清楚了：提供给接单者、亚马逊零工服务方、合作司机、外卖小哥及小姐姐以及其他按需服务的雇员的，是创业者式的奔忙、零工、任务和行程……而不是传统的工作。与之相应，平台不是强大的劳动中介，只是被动的匹配者。

2017 年春，户户送平台的部分内部规定被泄露给伦敦的几家报刊。英国点餐外卖平台已经提供了一个包罗万象的“话术指南”列表，供员工与快递员沟通。这份备忘录超过六页，列出了数不清的“能做和不能做的注意事项”，包括例句。被雇佣的服务方不会收到免费的制服，而是在“上岗”时，自己购买“装备套装”（服务方被解雇时，公司还会再次购买回来）。他们要签署一份规定了绩效目标的“供应商协议”，而不是雇佣合同。快递员不是按劳领薪，而是按单计费，一旦出了问题，不会发生解雇的情况，而是采用另一种说法：“由于你无法满足快递服务标准，我们要终止你的供应商协议。”[47]

这种伪装策略并非户户送平台所独有。任务兔在美国官网上列出了“专题任务”，配图上有一个年轻的接单人穿着鲜绿色的任务兔 T 恤衫，旁边有一句话：“我们将帮你达成心愿”。无论是“快递服务”（从沙发到文件，再到外卖，我们将安全送达），还是“整理橱柜”（让我们帮您清洁橱柜，让一切井井有条），传达给需求方的信息非常清楚：我们，即这家公司，将提供优质服务，而“你负责享受生活”。[48]

任务兔合约中的罚款条例则讲述了一个截然不同的故事。所有潜在用户必须同意任务兔的服务条款，才能开始创建账户。该合约自称开启了平台的商业模式：

> 任务兔平台让用户间产生的联系，只能用于完成任务。公司对用户的行为不承担任何责任，不为任务的质量、时长、合法性、爽约或者其他有可能与任务相关的方面、接单人、客户负责，也不为用户的品行、责任感、资质或其他一切行为或疏忽负责。公司不负责所要求任务的适恰性、可靠性、及时性或准确性，以及通过任务兔平台找到的用户所提供的服务，无论是公开的和私人接触，还是线下的互动。[49]

这是多么明显的对比：一方面，其形象和口号呈现的是，在一个单一的品牌下，通过统一的运营来提供一种严密组织化的产品；另一方面，合约自称，只是在网络市场中独立的买家和卖家间设立的一系列合同。平台的角色被缩略为简短的（算法）介绍，没有任何的责任或参与。[50]

当户户送平台的规定最初出现在《金融时报》上时，伊莎贝拉·卡明斯卡很快列举了一些例子，从措辞委婉的 CEO

信函，到误导性的产品介绍，都证明了该企业在现今的商业世界中是如此的口若悬河。“然而，”她指出，“‘零工经济’一词已经成为一件武器，被用来抵制就业监管”。[51] 不妨看看，被设计出来的是“骑士”或骑手社区，而不是快递员大军，用合同把服务方包装成独立供应商，以此来打败雇佣法，但成功率却越来越低。

零工平台的合同中所使用的话术以及虚假的语言，引来了越来越多的攻击。2016 年秋，当优步费尽心力地否认员工身份时，伦敦的某就业法庭判决，优步共享出行平台“在其文件中虚构事实，歪曲语言，甚至还包装了新话术”，应该受到“一定程度的质疑”。[52] 法官不禁“想起了格特鲁德王后（Queen Gertrude）那句最有名的台词：我认为你辩解太多了”。[53] 虽然莎士比亚式的华丽辞藻可能不会在其他判决中出现，但世界上越来越多的法官都采用了类似的做法，拒绝被精心设计的合同措辞蒙骗。

塑造监管

我们是否应该将其当作一个鼓舞人心的信号，认为没有什么值得担心的呢？并非如此。这套说法包含分享与合作，自由职业与伙伴，虽然不能蒙骗我们太久，而且单凭新标签，也无法打败现有的监管，但是有关创新和技术的更广义的说法却更加强大。如果是真正的创业者，那么他们不太可能求助雇佣法。将老派的劳动中介重新包装成一种令人兴奋的新技术创新，会为现有的监管结构带来本质上的挑战：如果零工经济以一种极端的新方式组织工作，那么旧式的雇佣法就不应该被继续使用了。

1. 创业和创新

在这些说法中，按需服务经济是促成未来工作转型的关键：在朝九晚五的工作中，做着无聊乏味的事情，被专横的老板虎视眈眈地盯着，只是为了在每月月底拿到微薄的薪水，这样的日子将一去不复返。在零工经济中，每个服务方都将享受到令人鼓舞的多样性，应对振奋人心的挑战，收获创业的巨额财富奖励。

情况甚至可能变得更好，零工经济中的小微创业被当作一种工具，通常在经济长期停滞年代中用来刺激经济增长，让越来越多的市民参与有收益的经济活动。鉴于平台工作的灵活性（即选择权在你手里，而不是你的老板），对以下人群来说，挣点儿外快已经变得比以往任何时候都容易：

> ……想要增加自身收入的学生；能够进出劳动力市场的流浪者；想边带娃边打工的年轻妈妈们；以及那些处于半退休状态的人，无论是出于自愿还是迫不得已。[54]

任务兔的创始人布斯克是这种观点的主要支持者，“为人们提供工具和资源，让他们自己设定工作日程，做自己的老板，决定自己想要收取的报酬，这些能给他们提供难以置信的力量。它对全球劳动力都会产生极大的影响。”[55]“接力出行”（Relay Rides）的创始人斯莱比·克拉克（Shleby Clark）表示赞同：“同伴经济中的供应商们确实珍视独立性和灵活性；对很多人来说，它带来了生成性的影响……你认识了又棒又有趣的人。你有了很棒的经历。”[56]

小微创业保证要发现闲置的或使用率不高的资产及技能的价值。任职于零工经济投资商联合广场投资基金（Union Square Ventures）的尼克·格罗斯曼（Nick Grossman）热情洋溢地说：“‘跨斗车’（Sidecar）平台上的一些人，每天上下班的路线都一样，捎上一个搭车人，不仅能让司机获得意外之财，还能让乘客减少出行成本。”[57] 或许最棒的是，我们被告知，零工经济提供了当前劳动力所期盼的那种工作环境——灵活地工作，以非正式的形式以及使用数字技术在“任何地方”工作。在几家主要就业服务公司近期所做的全球调查中，上述原因高居榜首。[58]

如此一来，怪不得英国商业部前初级部长之一马特·汉考克（Matt Hancock）在为政府委托的调查撰写序言时，如此欣喜地表示：

> 共享经济是令人激动的新型经济。数字创新正在创建全新的经商方式。这些新的服务正在为新一代的小微创业者提供机会，这些人正在凭借他们已经拥有的资本和技能赚钱，从通过爱彼迎出租闲置房间，到通过“每人每时”（PeoplePerHour）从事自由设计师的工作。自主创业之路从未如此简单。[59]

2. 重新思考就业监管

对雇佣法来说，这意味着什么？我们再次看到了各种基于创业和创新的提议，从完全反对雇佣法，到通过新的、缺乏保护的分类方式来削减现有法律的作用。

努力应对按需服务经济问题的政策制定者并不缺少方案。近年来已经出现了各种做法，从立法否认就业身份及观点，支持“第三种身份”的新雇佣法，到监管安全港和产业自我监管。这些建议的差别在于，我们应该在多大程度上背离现有法律，但从根本上说，它们都在质疑现有的监管，即现有法律是否阻碍了新的创新型商业模式？为什么雇佣法就应该限制创业者自由呢？

上述的一个极端做法是，有些法律只是简单规定，雇佣法不适用于零工经济服务方。有些国家接受了这种说法。以美国为例，平台已经开始游说各州及地方各级的幕后立法者，起草并支持赞同上述规定的法案，同时攻击那些不遵守游戏规则的人。有些企业致力于在行业内创建所谓的共享出行法律，因此成为值得研究的案例。不同的判例虽然在细节上存在差异，但共同的目标是，否定服务方的就业身份，确保平台只被定义成中介。

2016 年 6 月，自由市场智库“研街”（R Street）描绘了州级法规列表，美国只有五个州没有实行某种形式的交通网络企业（Transport Network Company，简称 TNC）监管。[60]乍一看，这些举措提供了一种公平的方式，允许按需服务平台在遵循基本标准的情况下运营，从司机认证到保险要求。

然而进一步审视后，我们清晰地看到，新法规通常支持平台的利益。路透社（Reuters）在 2015 年年末的一份调查报告中强调，产业的主要参与者往往深度参与了法律的起草，其中很多内容包含旨在将司机划分为独立承包商的条款，并不在国家级雇佣法的保护范围内。[61]

在某些情况下，这是通过赤裸裸的分拆达成的。例如，俄亥俄州的相关法案规定，“除非签订符合主要劳动标准的书面合同，否则司机并不是雇员”，[62] 在印第安纳州，“州法典的一项修正案”谨慎地做出了类似规定，TNC 司机依法应被视作独立外包商。[63] 其他州的规定虽然没有使用如此直白的表述，但效果类似。得克萨斯州的法律规定交通网络企业“不能控制、指导或管理”其司机，[64] 在北卡罗来纳州，有一条“可反驳的规定，即交通网络企业的司机是独立外包商，而不是雇员”。[65]

在美国，类似的游说工作不在少数。2016 年，欧盟委员会（European Commission）发布了一份《欧盟合作经济议程》（*European Agenda for the Collaborative Economy*），似乎回应了很多行业的立场。这份不具约束力的指南面向 28 个欧盟成员国，几乎否认了共享经济服务方的就业身份，但指出，只有控制服务价格，设定合同条款，并拥有用于“提供所需服务的核心资产”的平台，才能被归为服务提供商。[66]

有些法规将零工经济服务方划分为独立承包商，即便对其不满的人，也在回避就业身份。我们在该领域中最不激进的一端发现，有人建议为零工经济服务方创立“第三种”就业身份，处于传统员工与独立承包商之间。按需服务经济平台代表了工作形式上的真正创新，值得获得自己的法定身份和监管机构，基于这一观念，美国前劳工部副部长（Deputy US Secretary of Labor）塞斯·哈里斯（Seth Harris）和已与按需服务平台有过多次合作的普林斯顿大学经济学家艾伦·克鲁格都指出，支持引入第三种身份以便吸引共享经济服务方。它们的“独立服务方”应该享受某些保护，包括集体议价权和社会保险条款内容，但同时否认适用工资和工时等基本标准。[67]

引进这种身份会有帮助吗？答案是不确定。平台会立即舍弃一些成本最高的雇主义务，同时继续针对独立服务方身份提出诉讼。一位愤怒的美国联邦地区法官指出，确定服务方身份的任务通常类似于“给你一个方钉子，你要用它堵两个圆窟窿”。[68] 增加第三个窟窿不可能解决任何分类问题。实际上，有几个欧洲法庭，包括德国、意大利、西班牙和英国，早就承认了中介服务方这个类别，但却没有解决任何根本的分类问题。若是有什么明显的变化，那就是产生了更多的混乱，因为在英国近期的反优步诉讼中，强调第三种分类的法律主张得到了英国雇佣法的认可。

有种看法对现有法律基础进行稍显强硬的抵制，它呼吁建立所谓的监管安全港，据说是为了保证按需服务经济平台在法律之外达成创新。还有一个建议得到了塞斯·哈里斯和艾伦·克鲁格的声援，与其他看法相比，这种观点认为：

> ……公司不愿意为服务方提供福利，因为为服务方提供福利将提高风险，法院会把他们的关系裁定为雇佣关系……为了解决这个窘境，我们建议，用安全港条款来描述中介，以此聚拢独立服务方，因为根据法律，提供福利无法被解释成一种雇员身份的象征。[69]

然而，这种监管安全港的观点存在严重缺陷，它传达了一种观点，即当前的监管阻碍平台公平地对待服务方，并为其提供福利，因为它们担心这会将服务方归为雇员，自己并因此而被合法地、强制地履行它们不愿意履行的义务。

叙事逻辑

一方面，我们看到零工经济带来了真正的机会：年迈的老板们消失了，独立的创业者进入了新市场的通道，灵活地挣着额外收入。另一方面，我们也遇到了若干问题：服务方没有得到真正的自主权和创业自由，可能面对很多位老板，这些老板以顾客评价、算法、应用程序和任务的形式出现，各方都吵嚷着得到持续关注，但却不像传统雇主那样提供稳定的报酬、保险和养老金。

然而，公共话语在被产业构建起来时，并没有反映出这种异质性，只是始终如一地聚焦正面叙述。几乎对所有平台来说，它们提供的是支持小微创业者交易的技术，而不是告诉自己的劳动力该怎么做，这种想法是其商业模式的必要条件。技术颠覆、创新和创业的故事，对努力至关重要。叙事塑造了监管。

这就是共享经济欺人之谈的最终目标：质疑所有法律，尤其是就业监管，是否依然能有效地管理平台、用户和其全体员工间形成的合约关系。这是以多种方式伪装的策略，带有不同程度的矛盾和老练世故，然而它一直处于两种叙事之间：①合作与分享是全新的颠覆性模式，在很大程度上区别于那些需要监管干预的经济活动；②现在，全世界的人都有机会创建一种新的创业者阶层，能在创新型开放市场的混战中茁壮成长。

前者讲述了一个合作与数字化颠覆的故事，没有什么说服力。我们已经看到，共享经济中的大卫们和歌利亚人们展开了监管之战，多数重大战役都不是发生在严格监管的传统领域，如出租车和交通服务，也就是说，之前已有的产业引起了监管者多大程度的关注，那么按需服务经济现在就正在尝试得到多少关注。如此一来，我们应该谨慎对待平台的做法，它们尝试把从这些冲突（就像很多巴黎人和纽约人认可的那样，这些冲突可能为需求方带来重大的进步）中得到的教训描述为一种有关成功的颠覆。大多数按需服务经济企业在极为缺少监管的环境中运营，没有什么特别的法律制度和要求能适用于遛狗、组装套装家具或者完成网络问卷。

我们会在后面讨论潜在的替代性监管模式，然而，其中很多方法都比我们开头讨论的最纯粹的自由主义做法复杂得多。它们也基于一种观念，即只有与现有模式分开，才能导致一种“更广泛的促进创新的解决方案”，以支持真正的创业。[70] 然而，在我们质疑数字化颠覆的宏大言论时，我们不应该急于削弱创新和创业的愿景。如果平台经济代表一种真正的新型模式，将创业的福利播撒至所有人，那么就理所应当在更大范围内，反对就业分类和传统的监管模式。

让我们再进一步审视，从按需服务经济中的工作现实开始。

第 3 章　迷失在人群中

《2016 年自由经济报告》（*Freedom Economy Report 2016*）为按需服务经济描绘了一个迷人的图景："它并不仅仅是'零工'或者'分享一种资源'，而是意味着自由、自主以及自治。当前是前所未有的最美好的时代，让我们去寻找、获得并享受这种自由。"[1]

这种有关创业和机遇的描述，与上文的共享经济的欺人之谈琴瑟和鸣。你是否记得，利亚·布斯克大谈她所在的任务兔平台如何培养新一代的创业者，"为人们提供工具和资源，让他们自己设定工作日程，做自己的老板，决定自己想要收取的报酬？"[2] 看起来更棒的是那些不可思议的金钱回报：2014 年 5 月，优步发布的一条官方新闻受到了世界各地新闻媒体的关注，它指出，在旧金山提供最廉价服务的司机（优步快车），其收入中位数为 74191 美元，在纽约该数字为 90766 美元。[3]

有关创业的说法是按需服务经济的核心：谁不想抓住机会，为了创业者世界的激情与收获，而换掉单调、低薪、劳苦的工作呢？大多数平台的协议都宣称，自身并不是服务提供商，只是为独立创业者及其客户的交易提供支持的市场。平台"不想被当作雇主，这一点不断被强化，办法就是让自己远离传统企业为保护其服务方或需求方而承担的责任"。[4]

乍一看，平台工作模糊了商业机构的传统界限，其中，需求方从企业那里购买商品和服务，企业在市场中相互竞争，反过来雇佣服务方去制造或者生产市场所需要的东西。[5]长久以来，围绕着这种“需求方—雇主—服务方”的三角关系，监管被构建起来，这恰恰是将按需服务方视作独立“小微创业者”的观念想要“颠覆”的。完全缺乏就业保护，以及由此节约的巨额成本，是按需服务进行“轻资产”运营的关键，它提供了廉价又丰富的服务。

不难发现，零工经济中存在着真正的创业者案例：想想使用任务兔来拓展其业务的水管工。然而，当我们从整体上审视平台工作时，关于创业者的描述就更难成立了。在本章中，我们将探讨创业者式说法的关键要素，即自由、自主和自治，虽然对某些服务方来说，这是事实，但其他人却很快迷失在人群中。

很多平台商业模式的基础都是借助不断变化和增加的冗长条款，赤裸裸地对全体员工进行严格控制，这恰恰与支持创业的做法相反。如此一来，对大多数服务方来说，他们作为接单人、合作司机或亚马逊零工服务方的现实生活没有硅谷那样光鲜亮丽，而是会让人想起维多利亚时期劳工们的辛苦日常：低薪的超时工作，持续不断的危险，几乎没有法律保护，未来没有机会迈入上一个阶层。

小微创业者的生活

1911 年，弗雷德里克·泰勒（Frederick Taylor）在其著

作《科学管理原理》(*Principles of Scientific Management*)中写道，密切监控服务方，可以提升全世界企业的效率，他强调要对简单的任务持续地进行严密控制，经常调整薪水结构，以应对个人的产出。[6] 在现实中，这被解读为在漫长又无趣的工作期间服务方受到严格管控，薪水微薄，成为漫长流水线上的工蜂。到头来，世界上第一个管理理论在现实中是行不通了，因为这些条件促使大批员工组织起来抗议了。

如今，就连弗雷德里克自己做梦都不会想到，泰勒主义卷土重来，披着按需服务经济的伪装再次复活，用技术和算法提供了一定程度的控制和监管。大多数按需服务的服务方没有得到创业者式的自主性，而是在平台的严格监督和控制下劳作。自治只不过是一个遥遥无期的梦，平台的商业模式频繁变化，根本无法提前做好规划，越来越多的服务方被困在这个系统中动弹不得，享受自由的说法听起来一点也不诚恳。此外，20 世纪初，泰勒主义给服务方造成了威胁，不把他们当人看，令他们基本工作条件恶化，如今的按需服务经济也是如此："太热没办法打扫屋子。不如让接单人处理家务，你去享受夏季的日光浴就好。"[7]

自主吗

大多数平台的细则指出，它们只是在做着经济学家们所谓的"匹配"业务。根据其服务条款，任务兔"提供一个网络平台，让需要做某事的个人或企业……以及愿意接受上述任务的个人或企业……能彼此联系”。[8] 与此同时，优步的条款和规定与之类似，将公司定义为“一个技术平台，能让用户……用上述服务的第三方供应商来安排并预约交通和/或物流服务”。[9]

为了帮助用户们找到完美匹配，平台凭借积分系统或者星级系统，将服务供应商分成不同等级。从表面上看，根据以前的需求方在每次任务后为服务供应商给出的匿名评价，他们的分数被计算出来，在下一次“零工”开始前，把相应的等级展示给未来的用户。

从原则上看，创业者应该欢迎开放透明的评分机制，这有助于他们解决经济学家们所谓的“柠檬效应”。在互联网上雇佣服务方时，几乎不可能知道他们有多优秀，所有与之相关的人都可能面对负面结果。优秀服务方的收入过低，平庸的则报酬过高，如此一来，企业可能不愿意雇佣任何人。[10] 评分机制让个体创业者展示自己服务的质量，将他们与其他人区别开来，因此能让他们找到更好的工作，报酬更高。

然而，就像汤姆·斯莱指出的那样，按需服务经济的评分在这方面没有发挥多大价值。[11] 他凭借一系列的实证研究，得出如下结论：

> 信誉系统无法将高质量的或者可信的服务与低质量的或者不可信的服务进行基本的区分。没有证据表明，评分为4.9分的优步司机或帮帮忙的保洁比4.6分的人表现优秀。[12]

他认为，信用度的算法应该被视作：

> ……公司管理结构的替代物，而且是很糟糕的那种。信誉系统是从地狱来的老板——反复无常又令人无语的坏脾气管理者，可能在冲动之下随时解雇你，没地方讲理。[13]

如此一来，评分算法并不仅仅是为了展示质量，而且还是为了控制服务方，日复一日地将其困在某个特定平台的生态系统里。

一个简单的评分机制为何如此强大？方法再简单不过。平台运营商不仅收集需求方的反馈，而且还借助持续性的算法监控，确保对工作和所提供服务的各个方面进行严密控制。还有一些元素，从遵守平台政策，到如何让服务方快速频繁地接受新工作，也都被加入方程式中，任何违规行为都会立即受到惩罚。

算法控制可以通过多种方式达成，通常避免使用直接命令或明确指示。[14] 亚历克斯·罗森布拉特（Alex Rosenblat）和卢克·史塔克（Luke Stark）研究了优步的控制机制，结果表明，公司利用各种各样的设计决策和信息不对称，对服务方的日常工作实现了“软控制”，以此塑造了众包工作条件。[15] 即便这些指令被“精心设计成间接表述，避免以公司政策的形式出现”，[16] 但它们依然发挥着不可思议的强大效果：

> 虽然司机鲜少能控制乘客通过互动系统进行互动，或是优步的相关评估，但个体化的结构……培养了一种“为确保个人工作稳定性而产生的高度个人化的责任感”。通过设计，对整个互动过程的系统化解释被下载至个体司机那里。[17]

在 2015 年的一个案件中，美国联邦地区法官郑一芳（Edward M. Chen）发表了类似观点。他发现：

> 优步的应用程序数据能够……被用来持续监控司机行为的某些方面。这种程度的监控，让司机一直处于潜在的被观察状态，无疑能让优步对司机工作所使用的“方式方法”具有极大的控制权。[18]

即便不同平台在不同时段会采取不同的具体措施，但其目标通常都是一致的：大多数平台不止“匹配”见多识广的服务方和需求方，还在交易过程中严格管理人数众多的隐形员工。评分算法就像希腊神话中明察秋毫的守卫，是现代版的百眼巨人（Panoptes），不间断地盘旋在每个服务方的头顶，几乎塑造了按需服务的各个方面——从审查潜在的新成员，分配任务，到控制工作如何被完成，如何付费，以及消除不满意的表现，往往没有任何透明性和责任感可言。郑法官引用米歇尔·福柯（Michel Foucault）的话说，“这种可觉察的永久可见性……确保了权力自动发挥作用”。[19]

算法管理

1993 年，《纽约客》（*New Yorker*）刊登了一幅漫画，传达的信息是“在互联网上，没有人知道你是一条狗”。在按需服务经济时代，平台似乎想要知道有关其用户的一切，包括他们的狗。从潜在的服务方在平台上注册那一刻起，控制就开始了，大多数运营商要求服务方先提供大量信息，并拍摄证件，才能激活他们的账户。这个过程与只注册其他网络服务相比，更令人反感。平台普遍的做法是，要求用户提供正式身份证件和财务信息，以及其他大量细节。[20]

一旦用户被激活，平台的控制强度就会进一步提升，为曾经承诺的自由选择工作内容、工作时间和报酬来设定限制：服务方被迫接受低薪且令人讨厌的工作，必须超时工作，以赢得并维持好评，而且还会发现，自己真正能拿回家的报酬要远远低于最低工资水平。

就任务分配而言，平台采用了一系列策略，来保证工作有极大可能被接受。例如，共享出行平台经常在行程开始前，向司机隐瞒乘客的目的地。作为独立创业者，司机应该有权拒绝不赚钱的工作，例如在机场排了很长时间的队后，接到本地的一个短途行程。然而在现实中，很多平台需要司机维持高接单率，只要他们的应用程序处于活跃状态，就会为取消订单的次数设定严格的限制。任何试图挑选高报酬行程的做法都会受到平台算法的控制："如果拒绝低报酬工作，选择高报酬工作，司机会受到处罚，这是对独立创业者'自由'的另一种限制。"[21]

有时候，如果司机反复拒绝不赚钱的行程，优步会立即实施处罚，暂时冻结司机账户，最长可达10分钟。[22] 与之类似，如果服务方想要退出系统，算法控制很快就会介入，就像罗森布拉特和史塔克的报告指出的那样，应用程序会用一条诱导性的弹出信息来提示司机，上面带有一个价格飙升的图标："你确定想要下线吗？你所在区域的订单需求很大。去多赚点儿，别停！"[23]

虽然在有些情况下，服务方有更多自由进行工作投标，或需求方能在不同服务方的简历中自由选择，但重要的是，不要低估平台评分算法对服务方任务所施加的间接控制，进而影响他们的工作和报酬。多数平台会以某种形式提供大致评级或个性化推荐，其他平台会限制自由职业者可投标的工作数量。[24]

此外，平台通过整合技术和人为元素，严格控制着以下方面中的大多数内容，包括工作如何被完成，遵循何种标准。例如，一旦司机接受优步需求订单，他将通过自己的优步应用程序，直接奔向乘客，继而按照要求前往目的地；如果选择了不同的路线，因此让乘客感觉被占了便宜，乘客可以投诉。司机还收到"提醒"，要"为乘客提供瓶装水、口香糖、零食、薄荷糖和手机充电器"，要"衣着得体"，还要为乘客拎包、开车门。在行程中，平台的控制会蔓延至车内音乐：通过企业合作，司机必须能让乘客使用音乐应用程序来设定自己的背景音乐。作为优步的竞争对手，来福车也采取了类似的方法，控制“行程体验”，即便它放弃了一些更加匪夷所思的要求，包括粉色的小胡子，以及让司机用碰拳礼问候乘客。[25]

即便平台没有对如何完成工作做出明确要求，但却依然控制着完成任务的方式，无论是通过规定细节，如任务兔的鲜绿色 T 恤衫上印有明显的公司标志，还是凭借一般使用条款。[26] 例如，亚马逊的机械土耳其人平台要求，用户“承认并同意”一系列具体条款，包括“不去使用机器人、代码或其他自动化的方法，来完成服务”[27]。

技术再次成为这种严格控制的工具。Upwork 平台的用户可以通过所谓的工作日记查看自己的服务方：只要自由职业者接受了时薪制的工作，平台的软件就会定时从其电脑屏幕上截屏，计算按键次数，记录完成的工作，从而让客户能监控自由职业者是否把所有付费时间都用来工作。自从近期一次软件升级后，现在的优步应用程序为每个司机的苹果手机都添加了导航、陀螺测试仪和加速感应器，以此监测司机超速或紧急刹车行为。[28]

然而关键的一点是，算法控制往往并没有拓展对服务方的保护，也没有服务于他们的创业者式选择。虽然有些平台让服务方为客户打分，但这些分数要么根本不显示出来，要么对需求方使用其服务的权限没有太大影响。[29] 如此一来，按需服务服务方可能暴露在非法的、危险的、不人道的、十分令人不快的工作之下，但却必须准时地、友好地、开开心心地完成工作，以避免差评。

以快递服务为例，对很多快递员来说，时间压力非常大，很难在不违反交通规则的情况下完成任务。快递员要如何应对非法停车的规定？一条“简单直接的建议是，如果为了按时完成订单而迫不得已那么做，那违法也没关系”。[30]

在其他情况下，服务方会因为抗拒危险的工作条件面临被处罚的威胁：

> 几个月前，我有个客户想让我给他洗衣服。我做了，但他的衣服上有点脏东西……我发现，那块脏东西实际上是猫在他的衣物上拉的屎……客户总说一共4桶衣物，可我每次给他洗的衣物，都能填满10~15个双筒洗衣机。它是一大堆要洗的东西，而且上面还沾着猫屎。
>
> 等到第三次的时候，我实际上就给任务兔打了电话，我说：“看，事情就是这样。另外，我对猫过敏，这一点已经在我的介绍中标明了。”我还说：“我认为自己应该因为做过这些而多收25美元。”任务兔特别有礼貌地说：“是的，没错，听起来太可怕了。谢谢你告诉我们，我们会转达给他。”[31]

然而，服务方的抱怨似乎并没有吓到客户。当她再次接到客户的需求，说有几桶衣物要洗时，她提出加价，但却造成了麻烦："很快，我收到了一封来自任务兔的邮件，说我不专业。他们说如果我再这么做，就开除我。"[32]

还有一些任务甚至可能会对服务方造成严重的心理伤害。在判断上传内容的质量时，脸书和油管（YouTube）等网站越来越依赖众包服务方，来决定内容是否不合时宜或有冒犯性。众花等平台自豪地宣传说，它们在进行实时内容审查时，"能在不牺牲质量的情况下降低成本""每张提交给网站的图片都要有三个人审核，他们做出的判断被自动地交叉检查，以此来决定最好的反馈。"[33] 这听起来不困难，除非你发现有问题的图片，它们往往包含极端色情的内容、"残忍的街头打斗、虐待动物、自杀式炸弹、砍头和可怕的交通事故"。[34]

很多服务方跟大众分享了幸福体验，包括我们在之前的章节中提到的，我们如何才能把这些体验与上面的条件协调一致呢？有两种可能的解释：①牢记平台工作和按需服务服务方的异质性。有人在众花平台上消磨几个小时，享受一个编程任务带来的挑战，同时挣点儿外快，而且随时都能一走了之。与那些依靠一系列繁重低薪的工作、被迫挣口饭吃的人们不同，他们能从零工工作中得到极大的快乐。②牢记无处不在监控的算法，它能检测到任何形式的违规行为，就像安德鲁·卡拉维（Andrew Callaway）在讨论（不）幸福的优步司机时所指出的那样：

> 作为乘客，你要为自己的谈话对象打分……有多少

弦外之音，取决于当司机被乘客问起自己多喜欢这份工作时，他们的回答有多真诚。压抑的服务方不会得到高分评价。没有人愿意因为使用自己最喜欢的应用程序而感到内疚。[35]

创业的薪酬

算法控制的范围并不局限于控制工作本身。服务方的薪酬以多种方式受到不同平台的影响，从客户明确自己愿意为某个具体工作支付多少费用，以及服务方对工作的标价，到完全自动化的关键定价。例如优步的动态算法，它基于每个城市的定价水平，或者甚至通过所谓的动态提价，来精确到某个特殊地点和特殊事件，上述元素决定了不同车程在不同时段的收入。[36] 有些平台还允许需求方拒绝已完成的工作(并因此避免支付任何费用)，但往往不能或鲜少能说明原因，平台甚至可以拒绝参与任何随之产生的争议。[37]

就算平台没有设定薪酬标准，它们依然可以对服务方所得的酬劳进行极为严格的控制。很多运营商坚持认为，需求方和服务方之间不应该有直接的现金往来，从而可以全面控制费用、发票和付款的各个方面。大多数平台还决定了服务方获得报酬的时间和方式，有时候方法很苛刻：大多数美国境外的亚马逊零工服务方只能以亚马逊网站礼品卡的形式得到报酬，而且只能通过该公司的线上入口使用。[38]

控制薪资标准是按需服务商业模式的核心：需求方的成本必须保持在低水平，同时要将平台的收入最大化。众花平台的首席执行官曾在一次访谈中承认，他的公司给大多数服务方支付的时薪不多于 2~3 美元，[39] 而且这并非个案，对按需服务经济的服务方而言，所得酬劳要远远低于最低薪资水平，这令人非常忧心。纽约大学斯特恩商学院的帕诺斯·伊佩罗蒂斯（Panos Ipeirotis）表示，亚马逊零工服务方的平均时薪（在 2012 年）只有 4.80 美元，但伊朗尼和 M. 塞克斯·西伯尔曼（M. Six Silberman）得出了更切合实际的数据，即 2 美元。

在某种程度上，低薪只是被视作一种标准市场运作的结果：

> 数字平台的本质是竞争……加上进入 / 退出的门槛极低，又没有设定薪水的上下限，这意味着按需服务市场中的薪水被设定在一个水平，这个水平与经济学家们所谓的“竞争性市场利率”紧密相关，例如，为某个特定服务进行供需匹配而设定的价格。[40]

然而进一步审视，我们就会发现，按需服务经济的薪酬往往被人为设计成低薪，引导剩余劳动力去争抢数量有限的任务，平台从由此产生的收入中提成，而留给服务方的，只是各种费用的账单。值得注意的是，就收入而言，服务方的过剩供给造成了名副其实的祸不单行，因为很多零工服务的需求对供应相对缺乏敏感，任何一项特定工作都有太多服务方去竞争，这会拉低工资水平，即便在个人主动降价的情况下，找到工作的可能性也会降低。

迫使服务方不断地为下一个任务相互竞争，以操纵供给，这种做法最终会导致薪资水平变低。以优步为例，它曾被人举报，公司联系司机并对其承诺，在特定城市或地点有“高需求”和“长周末”。即便是特别熟练的服务方，都必须遵从这些因素，尤其是当工作可以在线完成时，竞争范围将面向全球。在“欧桌”（Upwork 平台的前身），超过四分之三的服务方拥有本科及以上学位，然而对他们来说，就算是全职工作，每个月的收入也只有 750 美元。[41]

平台不断提升抽成比例，导致薪资水平进一步降低。实际的佣金份额，根据时间和平台的不同，也存在着极大的差异。作为一条普遍原则，大多数平台会使用特别复杂的公式，拿走服务方收入的 15%~30%。以亚马逊为例，众包服务方从提出需求的人那里收取费用，有 20% 会以服务费的方式被平台拿走，对十人及以上的大型“人类智能任务”来说，服务费高达 40%。虽然人类智能任务的服务费最低为 0.5 美分，但佣金通常不少于服务方收入的 50%：2010 年的一项研究发现，该平台整个季度的人类智能任务收到了 1 美分的奖励。[42] 如此一来，薪水很低，高薪报告又经常被夸大，皮尤研究中心（Pew Center）表示，只有 8% 的服务方每小时收入可以超过 8 美元。[43]

由于所提供的服务是实体性的，因此有些竞争具有地方性特点，但即便如此，平台拒绝为服务方任务间的时间付费，并坚持认为服务方要承担绝大部分与工作相关的成本，这导致薪资降低。无论是在快递间隙骑车在城里晃，还是花时间在网上浏览长长的零工列表，寻找自己可以做的任务，服务方只能针对服务特定客户所付出的时间收费，这与 20 世纪 90 年代英国汉堡王（Burger King）各个分店的服务方没有什么差别，他们只按照煎汉堡和收银的时间来拿工资。[44] 此外，转嫁至服务方身上的并非只有“闲暇”时间的成本；在零工经济中，服务方还承担了其他所有费用，从提供工具，如自己的汽车或电脑，到保养工具和油耗成本。

以上事实虽然对服务方实际拿回家的收入产生了巨大的影响，但却不断地被平台的官方统计数据和宣传材料排除在外。乔纳森·霍尔（Jonathan Hall）和艾伦·克鲁格分析平台数据时发现，全美国优步快车司机每小时的平均收入为 15.60~29.65 美元，远远超出了“他们的司机同行”。[45] 听起来不算太糟，但是你别忘了，“优步的合作司机当然没有获得汽油、机器折旧或保险等驾驶成本的补贴”。[46]

一旦所有费用被扣除，时薪很快就会骤减，通常会远远低于最低工资水平。针对纽约优步司机的抽样调查显示，司机实际到手的收入只有每小时 3.99 美元，甚至是净财务损失水平（纽约的最低工资标准为 10.50 美元）。[47] 英国工会 GMB 得出了类似的计算结果，对伦敦排名和收入双高的优步司机来说，一旦扣除花费，他们每小时挣到的薪水不到 5.68 英镑（明显低于英国最低工资 7.50 英镑）。[48]

与这些低薪相比，买辆车或买台电脑会带来高额的固定成本，因此很多按需服务服务方倾向于超时工作，这并不是什么稀奇事。低薪是保证服务方延长工作时间的重要工具，保证大量可用劳动力处于工作状态。为了尽可能快地为客户提供服务，平台需要持续维持可用服务方的过量供给状态，因此降低每个独立服务方的薪水，反过来，这些服务方需要延长工作时间才能养家糊口。

有些为共享经济辩护的人指出，平台控制引发的低薪和超时工作并不是什么大不了的问题，因为大多数任务之所以被完成，只是为了补充稳定的主要收入。[49] 然而，就像 MTurk 平台的专家塞克斯·西伯尔曼指出的那样，这与事实大相径庭：

> 研究者和雇主为了将低薪合理化，提供了很多不准确的说法。例如，大多数依赖亚马逊众包收入的服务方居住在发展中国家，生活成本低；大多数发达国家的服务方之所以工作，主要是为了打发时间；由于众包工作很简单，因此其服务方的技能和受教育程度都不高；服务方自由选择加入亚马逊众包平台，如果他们发现报酬太低，可以轻而易举地选择其他工作。[50]

处罚

现在我们看看平台全方位管控的最后一个部分。算法评分是由一系列激励和惩罚措施支持的。高收入或具有吸引力的需求专属于那些评分更高的人，而低评分会导致服务方处于“绩效标准观察期”，服务方或被匹配低价值的任务，或被开除（“中止合作”）。[51]

即便服务方没有被彻底冻结账号，低评分也会造成麻烦。一些平台将工作质量（和数量）与某种“精英”身份联系起来，让用户能接触到更好的任务和更高的收入，或保证在搜索列表方面获得优待：

> 有个服务方说，自己看到朋友在开始不久，就经历了被划分到低分中的苦难。这位朋友做了大量的低收入工作，主要是为了能把评分刷上去……记录不佳的服务方不会被开除，但他们看起来处于候选列表最底端，因此工作越来越少，收入也变少了。[52]

精英身份对应的资格条件往往很模糊。有些平台确定了平均评分和任务数量等元素，其他平台拒绝透露自己的标准。[53] 这些评分的力量在于，服务方能故意降低客户的费用，希望凭此打动对方做出有利评价，“有些司机的策略是，提早结束行程，因此减少乘客支付的费用，从而盼望得到一个更高的评分。”[54]

评分系统的处罚措施不仅是无所不能的，还通常以无法预料的任意方式出现，有时候还会带有极强的种族主义或性别歧视。这种控制不仅强大，而且：

> ……其任意性更强于传统工作的任意性，在后一种情

> 况中，如果你的能力引发了争议，你还可以跟客户讨论，或者你的经理能采取某些措施帮你改进。然而在零工经济中，你的客户会立刻终止和你的合作。没人监督打分的人，意味着要想知道评分是否客观，是难上加难。[55]

尤其让人担心的是，越来越多的证据表明，按需服务平台的算法集合了用户有意或无意的偏见，导致了对女性或少数族裔服务方群体的歧视。有位不愿意透露姓名的司机在《英国卫报》（*The Guardian*）的采访中强调："大学生给年纪大的司机差评，男性乘客给不接受其挑逗的女性司机差评，残疾人司机的账号被冻结。"[56]

惩罚很少会提前被告知，按需服务的服务方通常很难理解为什么自己原来的评分会被降下来：

> 被共享出行公司解雇，是非常郁闷的事情，更糟糕的是，你基本得不到被封号的提醒或解释。与之相反，当你试图打开打车系统时，问候你的只是一条错误的提示信息。[57]

与之类似，亚马逊的提示信息是，"中止该协议，以及限制进入其网站的权利，无须通知，立即生效"，同时告之服务方，账户中的所有收入都将被没收。[58]

在其他情况下，算法控制的严酷性几乎堪称滑稽。据《星期日泰晤士报》（*Sunday Times*）报道，约瑟夫·麦克唐纳（Joseph MacDonald）曾在波士顿的“快递美”（Postmates）工作过，骑自行车送货时被一位共享出行司机撞倒了，他根据公司的指示，用邮件对事故进行了说明。结果如何呢？麦克唐纳被“告知，因为他出了事故而拒绝了一项工作，将无法得到每小时 15 美元的报酬，这是你接受工作后，通常能够得到的水平”。[59]

具体的算法和商业模式将持续下去，随着时间和平台的变化而有所不同。平台对其隐形劳动力的严格控制，很快就会形成一种显而易见的常态，与其宣传中的自主性承诺有着天壤之别。

自治吗

关于自治的承诺，结果也一样糟糕。很多平台设计商业模式时，几乎都无法让个体的小微创业者将收入水平和工作控制在一贯或与之相应的水平上：“零工经济的薪水往往非常灵活，随着供求关系的起伏，会发生很多意想不到的变化”。[60]

对很多按需服务的服务方来说，（创业者也必须要面对）市场机制毫无节制的运作，促使自治成为一个遥不可及的梦。不仅如此，因为商业模式处于持续调整状态，平台有意做出的选择及控制也发挥着重要作用，能够最大限度地从服务方那里获取利润。

简言之（也是最常见的），这意味着平台按照一定比例保留了服务方的工资。2015 年 7 月，MTurk 平台的佣金在

10%~20% 的基础上，又增加了一倍；[61] 到了 2016 年 6 月，Upwork 平台也修改了佣金收费模式，之前是所有类型统一收取 10%，后来是基于自由职业者对每个客户的终身收费滑动折算。[62] 与之类似，优步不断尝试改变所收取的佣金额度，若是提成比例和接单数量同时下滑，会对兼职服务方会造成特别大的伤害。[63]

对平台来说，还有一种常见的策略，在首次进入某个国家或城市时，平台会提供相当慷慨的酬劳和补贴，但仅仅几个月后，平台就会减少酬劳，提高佣金。我们将在第 6 章中看到，这种自损策略主要是为了占领市场份额，挤掉竞争者，并强化网络效应。该策略还发挥着其他作用，可以将一大批服务方绑定在平台上，有助于树立政治声誉，并消除原来的恐惧和政治上的反对意见。根据《纽约时报》的报道，得克萨斯州达拉斯市的司机最初非常支持优步：

> 他们与公司组成了一个战略联盟，帮它获得该城市的许可证，这受到了当地出租车运营商的抵制。作为证明公司发展规划的一部分，优步让优步司机阿莱马约先生（Mr. Alemayoh）前往休斯敦市政厅发言。在发言中，阿莱马约先生甚至对优步歌功颂德。他回忆道："我说司机们有权使用优步。我自愿站在他们的立场说话，他们没付我钱。"然而在 2014 年，上述关系开始变味儿了，因为公司禁止驾驶出厂日期早于 2008 年的汽车的所有司机参与高端收费服务——"优步黑卡"项目

（UberBlack）。[64]

合约条款持续恶化，尤其是那些投资购买高档车的司机，原本想要获得承诺中的高额薪酬，但如今却被迫以极低廉的价格提供自己的服务。然而与此同时，反对之声似乎已经无果而终了：

> 司机意识到，自己长久以来都在顺从公司。因为优步的普及性，几乎所有其他业务渠道都被榨干了。此外，优步还获得了市政厅的许可，可以从政治维度上抛弃司机。[65]

与之类似，世界各地按需服务的服务方都见证了，最初出手极为阔绰的平台已经“开始收紧钱袋了”，或者在某些情况下，一起改变了商业模式。

以任务兔为例，随着平台持续试验不同的薪酬模式，薪酬水平浮动很大。2014年发生了重大变化。最初，它采用竞拍机制，接单人能为自己提供的任何一项服务设定具体要求。后来，它采用算法机制，为同一项工作匹配若干服务方，将他们的收费标准展示出来。上述各种模式似乎都被尝试过，从需求方设定自己的“理想价格”，到接单人提供收费报价（然后平台再收取额外的服务费），甚至使用提前设定好的“快速派单”模式，让任务兔的算法决定支付对象。[66]

2016年夏，户户送进行了类似的尝试，开始让司机从有保证的时薪（伦敦为每小时7英镑）加小额度奖励（每单1英镑）的结构，变为带有更大风险的模式，放弃了定期轮班制，改为自由选择，每单支付3.75美元。司机们竭力反对，因为户户送最繁忙的时段刚好与伦敦的交通高峰期重合，这限制了快递员的效率，无法用很快的速度完成多个快递任务，没人为等待的“闲暇”时间付费，收入大大降低。随之而来的示威活动和负面的公众形象迫使公司做出让步，至少做出了部分让步，这也是权宜之计。[67]

然而，户户送的营业额是个罕见的例外。罗森布拉特和塔克强调，在宣传这些持续变化时，有些平台非常自私：

> 为了宣传收入提成，优步通常向司机展示图表，说明较低的收费标准会导致“需求急速提升，合作司机的时薪将提升25%，这是一大笔横财！”优步的逻辑是，司机完成的订单多，挣得就多，其在线时间就会从“需求激增中”得到更大的收益。为了回应其他城市的司机针对降低收费的反应，如奥斯汀市，司机们在论坛上质疑这种做法，称其为“优步算术”“政治宣传”以及奥威尔式的欺人之谈。司机们声称，他们不得不延长工作时间，增加额外的花费，才能达到未降低前的收入水平。[68]

因此对很多人来说，按需服务的灵活和自治的形象只不过是海市蜃楼罢了：平台具有单方面的灵活性，将服务方暴露在持续性的变化中，服务方往往来不及适应，就立即陷入财务劣势中。

自由吗

最后，对自由的承诺听起来同样苍白无力，鉴于平台的商业模式，服务方很难保证自己的基本权利，包括组建工会和集体议价的自由。很多运营商反对任何将独立服务方真正组织起来的活动。当得知西雅图可能组建工会时，优步的客服中心代表主张给司机打电话“分享一些想法”，主张“集体议价和工会不契合大多数伙伴使用优步平台这一特点”。[69]

就像前《纽约时报》记者史蒂文·格林豪斯（Steven Greenhouse）指出的那样：

> 与传统经济中的服务方相比，数字化按需服务的服务方在多个方面面对更多的困难。很多按需服务的服务方都处于孤立状态，很少面对面交流，网络论坛成了退而求其次的最佳替代方式，用于构建信任和团结。有时候，当这些服务方在线沟通时，公司监视着他们，甚至会将那些可能制造麻烦的人踢出平台。不仅如此，由于按需服务的服务方经常被视作独立外包商，他们不受联邦劳动法的保护，无法阻止公司对那些团结起来要求改善条件的员工进行打击报复。[70]

越来越多的平台还使用了优先议价权，迫使服务方签字放弃一些真正的创业者可能享受的最基本的自由，从派发替补者，招揽新顾客，到用法律手段解决争议。为此，服务方通常不得不同意自己有义务完成分配的任何工作。任务兔的说明手册清晰地指出，“任务发帖人想要看到你的笑脸，而不是其他人的”，因此明确禁止崭露头角的创业者使用“未通过系统审核的人”发布消息。[71]

几乎每家平台都在服务方和需求方签署的合同中明确规定了禁止条款。一些网站甚至邀请用户举报其他需求方或服务方的私下交易行为：“如果你发现某个人不想付费，请联系我们的客户服务人员，以便我们采取相应的行动。”[72] 看起来，颠覆者自己不太想被颠覆。

如果产生任何纠纷，越来越多的按需服务的服务方甚至没有向法庭申诉的基本自由。以伦敦户户送的摩托车合同条款为例：

> 2.2 你要进一步保证，你不会在就业法庭或任何民事法院提出任何认定你是雇员或服务方的主张，其他任何人也不能以你的名义这么做。
>
> 2.3 如果你或任何代表你的人（或你的替代者或任何你的代表人的替代者）向就业法庭或任何民事法庭提出诉讼，除非你（或你的替代者）能成功证明你是任何就业权利法意义上的雇员或服务方，你愿意支付赔偿金，不让户户送承担所有费用（包括法律费用）以及与

> 上述流程相关的费用，并同意户户送可以针对任何损害赔偿、补偿、花费或在这些诉讼中可能授予你的其他或其他款项设定任何额度，要求你承担相应费用，否则就业法庭或任何民事法庭不能进行受理。

换句话说，你同意不起诉平台，如果你起诉了，它会让你负担与之相关的所有费用。实际上，此类条款经常无法执行，而且当议会委员会批评此类条款时，公众的谴责会随之而来，现在的户户送合同已经进行了修改。然而条款最初的涉及范围，向想要挑战其法律地位的公众传递了一条信息。[73]

个人仲裁条款是另一个主要的担忧。在包括美国在内的法院辖区中，平台一般都试图阻止陪审团审判和集体诉讼（这对低收入服务方来说，要更容易些），并坚持任何诉讼都不能公开审理，应该转移至私人仲裁。加州大学洛杉矶分校（University of California Los Angeles）的凯瑟琳·斯通（Katherine Stone）教授说出了这种“致命组合”造成的深远后果：

> 无论服务方最初是否受法律保护，企业不仅能从具体的雇佣法规中得到豁免，还能避免整个问题……个体服务方可以在自己的仲裁程序中提出质疑，但即便他们赢了，也不会适用于其他人，仲裁结果被掩藏在神秘的面纱后。因此，服务方不仅丧失了就业权利，整个社会也潜在地丧失了我们用一个世纪构建的就业保护框架。[74]

最糟糕的是，服务方愈发发现自己被绑定在某些平台上。我们已经看到，评分机制通过强有力的方式将个人困在其中，大多数算法通过完成任务的数量来计算评分权重，并基于同样的标准奖励“精英服务方”。高频率工作带来的高分，意味着有更多诱人的工作，所得到的收入能（稍微）更高，至少可以补偿偶尔产生的差评。费用结构的设计也能达成类似的效果。通过“终身计费”战略，Upwork 平台的佣金逐步减少，从而将服务方绑定在此：当一位自由职业者为一位顾客提供的服务总额度达到 500 美元，那么平台会收取 20% 的佣金；500.01~10000 美元的，收取 10%；超过 10000 美元的，收取 5%。[75] 系统鼓励服务方将所有的鸡蛋都放在一个篮子中，并未提升活动的多样性，而且在不同的平台上都存在着被封号和处罚的风险。[76]

然而，即便有这些强大的激励性措施，现实中的按需服务经济工作也会令人非常沮丧，导致服务方前往其他平台。根据优步自己的数据，只有 50% 多一点的司机在注册一年后，依然保持活跃。[77] 鉴于企业依赖大量持续可用的劳动力，这种“流失”或从业者流动率，对业务扩张造成了严重的威胁。为了能把服务方绑定在某个特殊的生态系统中，平台开始采取进一步措施，包括所有承诺中最严厉的手段——负债。

有些公司安排了贷款助手，让服务方可以使用必要的工具。2015 年，优步终止了与桑坦德银行（Santander）的合作，该平台的全资子公司千变汽车租赁责任有限公司（Xchange

Leasing，LLC）接手了由高盛（Goldman Sachs）提供的 10 亿美元信用贷款。彭博社进行的一项深入调查显示，这种模式具有一些金融专家在访谈中提到的“掠夺性”借贷的所有特点——为信用值差的人提供贷款，高估汽车价值，收取高额费用——优步能直接从服务方的收入账户中扣除费用，当然是在收取佣金之后。随着服务方的收入螺旋式地下降，平台的提成上升，司机们才发现自己被算计了，“重点是，我开车只是为了付清账单，”一位司机对《彭博社新闻》（*Bloomberg News*）说，“如果你这周没有付完欠款，欠款就会计入下周的账单，像滚雪球一样累积。”[78] 然而，新的金融产品持续出现。2016 年 4 月，优步与金融服务初创公司“清银”（Clearbanc）合作，为司机提供“提前支付”服务，给利息高达 25% 的创业贷款贴上了一个委婉的标签。[79]

是创业，还是按需服务的陷阱

在探讨创业背后的现实状况时，我们发现，共享经济中最普遍的描述容易让许多服务方迷失在人群中，甚至困在其中。我们发现服务方并没有获得经济上的改善，而是被他们的平台紧紧控制着，薪水低、工作时间长和令人质疑的工作标准远超我们能够相信的程度。是的，上述情况并非个案，而是越来越普遍。

对于很多按需服务经济的服务方来说，“强大的技术平台”为“世界各地”的服务方传递着“一站式创业”（Turnkey Entrepreneurship）的梦想，到头来，它很快变成了噩梦，因为服务方发现工作的各个方面都要受到高强度、多维度的控制，导致自己被束缚在服从、依赖临时工的日子中。与此同时，真正创业者所拥有的自由、自主和自立完全都被否定掉了。

然而，有些平台并不担忧服务方遭遇到的严酷工作环境，而且还将其公开包装成自身充满诱惑的特点。在最极端的情况下，某些描述创业的故事主动歌颂（自我）剥削。《纽约客》的记者贾·托伦蒂诺（Jia Tolentino）介绍了一系列“为工作至死唱赞歌的零工经济”案例：

> 对公司来说，考虑到制订条款的是它们自己，它们确实需要使用一种反乌托邦的双重思维，来歌颂员工为谋生而工作……Fiverr是一家自我标榜服务“精益创业者”的在线自由职业交易市场……最近，它因为一场名为“我们信仰实干家”的广告活动，引发了众怒。有则引人注目的广告展示在纽约市的一些地铁车厢中，一位女士茫然地盯着镜头。“喝杯咖啡当午餐，”广告宣称，“把自己的坚持到底坚持到底。剥夺睡眠是你的首选药物。你可能成为实干家。”[80]

公共话语开始慢慢觉醒，应对上述许多问题。似乎所有严肃报纸或周刊杂志都刊登过特稿，曝光零工经济的工作条件，或派记者花一两周的时间尝试靠按需服务谋生，进而分享自己的（通常是令人郁闷的）经验。请记住，这并不意味着零工经济普遍存在上述问题：我们已经碰到过很多正面的案例。然而，我们看到的证据显示，有关通过共享经济创业的故事面临着严峻的挑战：对很多人来说，共享经济工作已开始象征着与它相反的那一面。

那么，我们的第二个核心描述是什么？也就是说，零工经济工作是数字创新的结果吗？即便是批评性的报道，也往往容易因为看到工作革命或一种全新工作模式的后果，而掉进陷阱。然而在现实中，我们需要谨慎地做出如下结论，按需服务经济具有一种高度碎片化的就业关系，不稳定的工作中出现了很多新东西。在下一章中，我们会讨论当前按需服务劳动力市场的历史渊源，从而理解共享经济是否真正具有创新性，还是说，我们已碰到的问题元素只是最新的（以及最极端的）商业模式实例，旨在将经济风险和法律风险从企业那里转嫁并集中到服务方和需求方身上。

第 4 章　创新悖论

在汉斯·克里斯蒂安·安徒生（Hans Christian Andersen）的故事中，有位古代皇帝热衷于时尚。一天，两个织工来到这里，送给他一块真的很特别的布料：用难以置信的颜色和图案编织，除了值得尊敬的聪明人之外，其他人都看不见。新长袍很快就要做完了，皇帝陆续派了很多朝臣来检查进展——虽然他们什么也看不到，只能看到空空的织机，却滔滔不绝地向皇帝汇报这长袍有多漂亮，以免别人认为自己不够聪明。终于有一天，皇帝亲自到来，穿着神话般的服装，受到大臣们的交口称赞，继而开始庆祝游行。人们很困惑，但觉得有责任庆贺皇帝的新衣，因为它是这个国家最好的衣服，直到有个孩子大声说道："可是他什么也没穿呀！"[1]

在按需服务经济中，令人窒息的数字革命神话和激进的创新，经常让我想起安徒生那则引以为戒的故事：我们是否正在编造一个连自己都不敢挑战的神话，以免表现出我们的无知、反对技术进步，或更糟糕？在第 3 章中，我们探讨了不同应用程序和平台上按需服务背后的现实，发现它们主张的人人都能成为小微创业者的说法与许多服务方真实的日常生活相差甚远。在本章中，我们将讨论共享经济欺人之谈的第二个主张：创新。我们看到，它强调两种理念：①技术以前所未有的方式重塑了工作；②新的商业组织模式不同于我们以前看到的任何东西，也就是说，“数字创新正在创造全新的交易方式”。[2]

创新的说法，是共享经济欺人之谈的核心。它旨在让一般的监管制度，尤其是雇佣法，陷入困境。据说，监管会扼杀创新。如果工作组织和商业模式是真正创新的，那为什么要把它们塞进现有监管框架的束缚中呢？如果按需服务经济是一种全新的经营方式，那么有什么理由像对待其他市场运营商一样对待这些平台呢？

人们很难对创新持反对意见，这在很大程度上跟创业类似。哪个政治家、记者或公民想被塑造为反对技术进步、为阻止进步而砸烂机器的卢德人（Luddite）呢？（而且他们为什么要这样做？）然而，在针对监管得出任何结论之前，我们必须扪心自问，零工经济的工作在多大程度上是真正创新的。

在此过程中，我们遇到了一个基本的悖论：毫无疑问，共享经济崛起的背后存在着全新的关键因素。它们对互联网、智能手机应用程序和用于通信、中介和控制的数字平台的依赖。至少就技术而言，不同初创企业之间的激烈竞争，以及按需服务经济平台的不断演变，一直是许多创新的源泉。

同时，就按需服务经济中的工作而言，完全是另外一个故事。在第 3 章中，我在讨论泰勒主义者的控制如何导致零工经济服务方的低薪和苛刻的工作条件时，暗示历史发展进程中存在的类似情况。但并非只有零工经济的工作条件存在着大量历史先例；与之相比，还有很多类似情况要更加明显。零工经济的商业模式，是将大量按需服务的服务方与不断波动的工作需求相匹配，它可以追溯到几百年前，突然出现在多个地区的经济结构中，包括日本、欧洲大陆、英格兰农村，以及从美国纽约到法国马赛的主要城市地区。

然而，杰夫·贝佐斯的说法与之相反，认为“人类即服务”的观点几乎和工作本身一样古老。而且由于工作的碎片化成为20世纪末劳动力市场的一个特征，从外包和分包到劳务机构，因此在因特网出现之前，它就已经开始产生了全面影响。

本章的核心主张是，就工作而言，零工经济创新是一个神话。应用程序和平台所使用的软件和硬件通常是真正的革命性创新及突破的直接结果，从GPS定位器和互联网，到手掌大小的强大处理器。然而，与该行业的说法相反，零工经济的深层商业模式并不是创新性的。它是低技能任务，而并非复杂的工作，是控制大量劳动力的强大中介，是开放市场和封闭等级之间的混杂式改编，零工经济只是几百年来劳动力市场实践的最新（可能还是最极端的）案例。

日光之下无新事

与上述观点相反的主张是，互联网已经无缝融入我们日常生活中的方方面面。美国在线（AOL）的联合创始人史蒂夫·凯斯（Steve Case）指出："我们正面临互联网的'第三波'革命，[3] 它将对劳动力市场产生特别的影响，'我们需要认识到，工作本身的性质已经发生改变，'"他在接受新闻媒体美国需求方新闻与商业频道（CNBC）采访时说道，"我认为它将在第三波浪潮中加速，并给政策制定者带来更大的压力，迫使他们跟上创新的脚步。"[4]

这不仅仅是技术炒作，有关创新的说法似乎已经渗透在经济理论中。纽约大学斯特恩商学院的阿伦·萨丹拉彻引用大量文献来说明，平台"代表了一种组织经济活动的新结构，它颇为有趣地混杂了市场和等级制度，体现出 20 世纪的管理资本主义（Managerial Capitalism）演变成了 21 世纪的人群资本主义（Crowd Capitalism）"。[5] 最初，该主张将两种现代经济组织模式并置起来："是市场……也就是亚当·斯密（Adam Smith）提到的那只著名的'看不见的手'，决定了平衡供求的价格。然后，还有只'看得见的手'，我们通常将其与公司或组织（或政府实体）的'等级'联系起来"。[6]

萨丹拉彻援引了麻省理工学院（Massachusetts Institute of Technology）经济学家汤姆·马龙（Tom Malone）、乔安妮·叶茨（Joanne Yates）和罗伯特·本杰明（Robert Benjamin）的研究成果，认为零工经济的创新之处在于鼓励创业者从大公司的等级化商业组织转向开放市场，这将从根本上重塑经济："随着数字技术的进步，通过市场处理复杂产品类型的相关协调成本会降低，从而能让以市场为基础的活动适用于更多种类的活动。"[7] 结果怎样？萨丹拉彻没有把按需服务经济的崛起视作一种与数字化趋势、外包和“可渗透的企业边界”相关的“自然高潮”，而是将平台当作具有激进特征的“新机构”，“是一种纯粹市场和等级结构之间的混杂体”。[8]

此外，从根本上被重新塑造的并非只有商业组织。“与工作相关的所有东西也将需要做出改变”。[9] 数字化创新的影响蔓延至“工作设计、组织结构、管理系统以及与工作流程相关的所有内容”，似乎没有界限：

> 我们正见证着，集中化的工作场所被分解，这是由于越来越多的企业在没有总部的情况下运作，也没有一批长期固定的服务方，更愿意完成具体项目或任务的服务方来发展企业。[10]

数字化创新被视作这场革命的关键：

> 以前，想要雇用成千上万的服务方来完成小任务，是不可行的，因为这种构架具有很高的管理成本。现在，越来越多的人可以将越来越小的任务外包给予数字平台相连的服务方人群，交易成本降至最低。[11]

那么，是否可断言，按需服务经济中的工作没有任何根本上的新东西，更不用说创新了呢？

为了证明这个说法，我们需要跳到平台的数字基础设施之外，仔细审视创新主张中的两个核心元素：①未来工作的特点是通才劳动力，为企业提供即时劳动力供应，以解决一系列不相关联的任务；②其深层商业模式是企业组织的一种新的混杂形式，以独特的方式将等级制度和市场混合起来。

萨丹拉彻等人强调，这些特征是按需服务经济工作组织的核心要素，这绝对是正确的。然而，它们既不是平台工作的一个创新点，也不是数字中介劳动力市场的专属特征。

回到未来

伊利诺伊大学（University of Illinois）的马特·芬金（Matt Finkin）教授是最早指出零工经济与历史上的组织工作形式极为相似的人之一，他特别关注所谓的家庭生产散工制（Putting-out System of Home Production）。[12] 其中有一位核心创业者组织生产各种各样的商品，他将制造过程分解为单个步骤，这部分的主要工作涵盖了所有事宜，从制作纺织品（羊毛、棉花和丝绸）、服装和花边，到靴子、鞋子、钉子和链条：纺羊毛、织布、裁剪织物、缝纽扣等。上述每项任务都由服务方在自己家中或小作坊里完成；一系列中间人向每个家庭手工业者发放材料，并传达指示；待任务完成后，再将货物送回中央仓库，或将其转交给下一个服务方。[13]

从“外出打工”和“血汗交易”，到“家庭作坊”或“家庭生产”（尽管这种工作并不一定局限于家庭），这种商业模式最早可以追溯到公元前五百多年的古印度，一直延续到20世纪，在大多数工业化国家都很流行。[14] 而且它也不限于制造业：早期的服务行业，例如在世界各地港口卸货的码头服务方，通常也是按照类似的模式被组织起来的。

浏览历史典籍，我们很快就会发现，各个大陆的商业模式几百年来就存在着紧密的联系。在古代的巴比伦和中世纪的佛罗伦萨，强大的中介机构是组织工作的关键；日本的“问屋组织”（Tonya）和德国的“分发加工报销体制”（Verlags Systems）极为相似。[15] 当然，正如按需服务经济中的工作一样，不同国家在不同的时代，都存在着许多差异和变化，但相同之处却更引人瞩目。英国议会在1908年发布的一份报告指出：“或多或少存在着相似情况，不仅在欧洲大陆的所有大国流行，而且还蔓延至美利坚合众国，甚至澳大利亚。”[16]

正是基于上述背景，我们可以挑战萨丹拉彻和其他许多人提出的主张——技术进步驱动创新。我们将根据19世纪外出工作和码头劳动的讨论，重新审视按需服务经济中的每个所谓的创新型工作特征，进而说明，尽管所有的技术都存在创新，但其深层商业模式绝不是新的，只是把工作分解为由大量服务方完成的小任务，只是扮演着强大的中介角色，或是影响着工资和工作条件。

1. 从劳动力到工作组

我们先从工作本身的变化谈起。据说，这里有两个因素对零工经济的创新尤为重要：①“在过去500年的大部分时间里，尤其是自工业化进程开始以来”，通过重组低技能劳动力，“逐步扩大的专业化”再次出现；②“任务经济”中存在一种新的“即时性劳动力供应”，其中，工作被分解为小的组成单元，“劳动效率的提升，不是通过从现有雇员中获取更多，而是通过搜寻被浪费的时间，并将其转化为工作时间来实现的”。[17]

一大批服务方所争抢的常规工作往往是低技能的工作，由此产生的工作竞争，都有着悠久的历史渊源。换句话说，将劳动力转变为工作组是 19 世纪英国及其他劳动力市场的标志之一。

从根本上看，零工经济和 19 世纪的外出工作，都把工作分解成了能够很容易将其标准化、可控制和可量化的小单位。在低技能工作中，无论是从船上把货物运到仓库，还是从 A 点打车到 B 点，都显得简单明了，高技能工作需要多年的培训和实习，它似乎能在某种程度上免除了被商品化的危险：回想裁缝的手艺，或律师在准备商业合同时做出的判断。然而，即使是这些工作，也受到“任务经济”崛起的威胁，因为复杂的工作流可以分解为独立的步骤。[18] 然后，每一项任务都被分配给人数愈加庞大的外部服务方，就像亚马逊的机械土耳其人一样，如今它能让科学家将一个大数据样本分解成小的片段，然后将每个片段发布在网上，从而让单个的众包服务方找到其独有特征或模式。

这种工作商品化引发了影响深远的后果，就像当代一份报告所指出的那样：

> 不容小觑的是，这些人根本不了解整个交易过程……劳动力被如此划分，致使服装行业的服务方根本不知道整件衣服的实际价格。[19]

然而，任务经济崛起不仅引发了这个信息差；生产成本也逐步转移到个体服务方身上。

以停工时间为例，当一位来福车司机在曼哈顿的街道上无所事事地转悠，等待下一位乘客时，或者一位 Upwork 平台的设计师正在筛选任务描述列表时，两人都没有获得报酬。对外部服务方来说，亦是如此，他们有时不得不在两项工作之间投入大量时间，还没有报酬。伦敦的外来服务方自费前往不同市镇，寻找并交付工作，这样的故事并不少见：

> 在伦敦的许多地区，普遍的做法是……把外部服务方及其孩子们送到街道上和电车上，带着一篮子缝好的鞋帮、一堆堆做好的裤子或一捆捆刚缝好纽扣的衬衫，急匆匆地赶到雇主那儿去。[20]

对资本支出来说，亦是如此。外部服务方通常被要求提供完成每项任务所需的所有工具和相应材料，这与来福车司机负责自己的汽车和汽油，以及亚马逊零工服务方用自己的个人电脑工作，是一模一样的。大多数人还必须自己提供办公场所，这往往意味着家里需要有卧室或客厅。[21]

2. 吸引人群

任务经济并不需要太多特殊工作技能或培训，大多数人都能完成低技能工作。因此，任何一份工作的可用劳动力都会急速攀升，因为过去划分劳动力市场的方式被打破了，如今裁缝可以组装鞋底，靴子制造商可以给衬衫缝扣子。工作的商品化意味着，雇主再也无须停止工作，每个人都可以被吸引到劳动力市场中，以保证潜在服务方的稳定供应，并削弱现有的结构。

招工对象锚定了过去被城市劳动力市场排除在外的群体，如退役军人、妇女、儿童和农村服务方。据相关报道，有些伦敦的中间商是从爱尔兰、东欧和亚洲等地雇来的。服务方常常被具有误导性的工作条件及薪水描述所吸引。在1849—1850 年，《记事晨报》（*Morning Chronicles*）的都市记者亨利·梅休（Henry Mayhew）报道了日益增多的“被绑架的人”事件，他们通常是农村服务方或爱尔兰服务方，被血汗雇主（或更常见的是，被血汗雇主的老婆）的虚假的高收入承诺所诱惑，随后还因为被许诺未来有挣钱的机会，或被威胁让自己及家人陷入法律诉讼，而被扣留。[22]

与之类似，通过提升过去被排斥的群体在劳动力市场中的参与度，从移民服务方到不方便外出的看护人员，零工经济用新方式利用了原本无所事事的时间。这可以带来真正的变化，而且是明显的正向改变。例如，持续性的结构性失业困扰着巴黎郊区，而优步在很早以前就在法国远郊区创造了新的工作机会，并因此而饱受赞扬。[23]

任务应用程序 Fiverr 也在公司博客上大肆宣扬类似的故事，例如，“一位在家看护新生儿的母亲如何获得事业上的成功”。[24] 这位“妈妈”名叫简恩·阿普加（Jenn Apgar），她在自己医生的办公室翻阅杂志时，第一次了解到这个平台，“里面有一条给青少年的建议，通过 Fiverr 在夏天赚点外快。”她觉得很有意思，很快就注册了自己的账户：“我除了时间以外，一无所有。”[25]

如此说来，有什么理由不喜欢按需服务的这个特点呢？长期以来，世界各国政府一直在费尽心力地制定政策，提升劳动力市场的参与度，并让过去受排斥的群体有工作的机会。看来，零工经济终于提供了一个工具，用来实现那个难以捉摸的目标。

然而，历史用一个更黑暗的后果，对我们发出了警告：当创业者把需求波动的风险转嫁给众人时，个体就会陷入彼此间的激烈竞争中，为每一份工作抢破头。梅休形象地描述了混乱的日常生活：

> 若是有人想看到这座大都市最特别以及最不为人知的场景，那就要在早上 7 点半穿过伦敦码头的大门。在那儿，他会看见来自各阶层和各行业长相各异的人聚集在主要入口处……[26]

这么多人之所以来到这里，是为了竞争工作机会——而且由于供大于求，他们之间的竞争异常激烈。在今天的按需服务经济中，由于应用程序通过远程来分配任务，体力消耗可能没有那么大了，但根本的结构性问题却完全一致：

> 继而开始混战一团，无数双手伸向空中，想要吸引发言人的眼球，没准儿就会因此得到工作机会……有些人跳到别人的背上……所有人都在大喊大叫……即便是最冷酷无情的人，看到这个场面也会难过，看到成千上万的人就为了一天的工作而挣扎，一旦他们知道，在那里聚集的数百人都必须无所事事地度过一天，这场混战会变得更加激烈。[27]

在码头获得的所有工作对体力要求都很高，但报酬却很低。此外，梅休有些吃惊地表示，大多数早上转身离开的人都会继续在码头闲逛："无论晴雨，总能发现很多人为了抢着做价值几先令或 8 便士的活儿，而随时待命。"[28]

3. 中介

任务经济有一个独特的后勤挑战：如何在没有永久结构的情况下分配工作，并监督劳工？如今，通过通信技术、算法监控、地理定位和一系列其他创新技术，这个挑战很容易就被解决。据说，在模糊等级和市场之间的界限方面，技术处于核心位置。[29]

然而，需要再次强调的是，这里几乎没有什么真正的创新。无论是外部服务方和码头劳动，还是在当前的零工经济中，在完全开放的市场和内部公司的等级之间构建混杂型结构，需要一个强有力的中介机构，来鉴别需求方和服务方，分配任务和薪酬，并确保品质控制：

> 大规模的外部服务方……提升了第三个“合作伙伴”的重要性，即代理人、“烟雾机”、安装员、“推销员”……对远方的城市商人来说，他成了一名经理人，负责招聘和管理服务方，完成大量的基本记账工作，解决了许多令人讨厌的交通及运输问题；对服务方来说，他是就业和收入的必要来源……无处不在但难以捉摸……中间人模棱两可的角色显示出外部工作体系的灵活性。[30]

除了技术，大多数中介的商业模式的基本特点与按需服务经济中平台及应用程序的数字工作中介一致：他们充当一组任务的代理人，实施严格控制，并从服务方的收入中分成。

就中介而言，首先，中间人通常负责服务方的挑选和解雇，以及设定薪酬。根据梅休的描述，伦敦港口分配工作的方式代表了世界各地港口的做法。以纽约港为例，招聘的过程就是挑选临时工（Shapeup），在船只即将停靠的码头上竖起一面旗子，大批服务方迅速在码头集结，形成半圆形，等待招聘代理人的挑选。[31] 然后，码头领班出来分配白天的工作，有时本着“先到先得”的原则，或是根据受贿和个人偏好，但更常见的挑选方式是，通过服务方过去的信用状况做出选择，出勤是否固定，工作是否努力，以及是否服从管理。[32]

此外，中间人还负责根据业务需求来调整劳动力：没人能保证可以获得一整天的工作。以利物浦的港口为例，如果上午完成了大部分工作，那么通常中午就会有人下岗。中间人表示，这能确保他们特别有效率，“因为这些人必须要有产出，否则就会被解雇”。[33] 这还意味着，服务方不得不接受中间人提出的所有报价，由于不同的中间人试图反过来彼此抽成，因此价格也经常变化。[34]

中间人也对他们的上级负责，控制质量。这实际上很有挑战性，因为他们不可能同时出现在多个地点。如此一来，他们必须借助经济压力，以间接的方式进行控制，简言之，就是对不满意的服务方进行罚款。[35] 然而更重要的是，用未来不分配工作进行持续性的威胁。因此，就像 1909 年英国贫困法委员会（English Poor Law Commission）在一份报告中指出的那样，工作不稳定在任何时候都是一件强有力的控制工具：“负责完成工作的中间人不敢给服务方终身工作的保障，因为害怕它会削弱他们对服务方控制的权力。”[36]

对雇主（和中间人）来说，拥有大量可用劳动力，不仅让他们在需求高峰时占有优势，而且在失业或低就业时期，无疑会发挥更重要的作用。服务方“被劝说，若是违规，要接受如下惩罚，未来会被忽略，整天坐在办公室附近，随时待命，却只能根据真正劳动的时间来收取报酬”。[37] 早在 1897 年，贝亚特丽斯（Beatrice）和西德尼·韦伯（Sidney

Webb）就指出，这种制度的利润是单方面的，一大群站着等活儿干的服务方，无须企业主花费任何成本，而且这意味着，每个个体的服务方“完全处于听天由命的状态……只要是这支‘后备军’存在的地方……雇主实际上就能发号施令。”[38]

最后，中介商业模式在历史上饱受批评的一个原因是提成，也就是他们从服务方的工资中拿到的“扣留款”。例如，外包工作行业的编织服务方经常因为租用编织设备而被收费，还有其他一系列的相关费用，从破损费、材料费和工具费，到（据称）做工差而缴纳的罚款。[39] 这导致收入变得不可预测，还意味着在获得任何收入之前，必须花费大量工作时间（每周最多两天）用于支付各种成本。在港口，类似的问题也出现了，尽管其方式比较隐晦：“欺凌行为可能只是偶尔接受一杯饮料或一支雪茄，或者也可能已经严重到从码头服务方的收入里获取实际的‘抽成’。”[40]

4. 在人群中挣扎

我们不仅可以在历史上为零工经济的商业模式找到大量先例；第 3 章中讨论的某些工作条件几乎是 19 世纪外部服务方的真实写照。实际上，有种已不陌生的说法常常被人提及：外部工作有时被包装为创业，向服务方承诺“他们有更好的机会依靠自己做点小买卖，成为自己的老板，所以有更好的前景”，[41] 因此不用像在工厂一样，工作那么长时间，忍受“低级的道德习惯”。[42] 然而在现实中，情况极为不同，薪水低又不可预测，工作模式极不固定，服务方完全缺乏议价能力。

服务方彼此之间的竞争对工资产生了巨大影响："劳动分工越细，工作级别越低，工作级别越低，服务方的收入也就越低。"[43] 以下内容"几乎是常识"：

> 许多人的收入，主要是在家里工作的妇女，即使是超长时间勤苦劳作，也不足以维持最贫乏的生活。[44]

不仅如此，大量可用的劳动力会导致个人工作极不稳定。因为雇主缺乏对机器设备或培训以及安全知识的投入，只要需求激增，都能找到额外的服务方，所以雇主及其中间人"几乎没有动力在贸易萧条或淡季的时候留住……服务方"[45]。正如弗里德里希·恩格斯（Friedrich Engels）讨论 19 世纪 40 年代兰开夏郡（Lancashire）的棉花织工时指出的那样："在出现商业危机时，这些穷苦的可怜人最先失业，但在贸易好转时，却是最后被雇佣回来的人。"[46]

妇女和儿童受到的剥削尤其严重：

> 由于习惯了低薪，又急于从事与家庭责任相结合的工作，缺乏其他增加全家总收入的方法，而且该人群普遍都不能进行自我保护，他们成了长期廉价劳动力的重要组成部分，这是维持外部工作体系的首要要求之一。[47]

面对公众与日俱增的担忧，中间人和其他外部工作体制的拥护者坚持认为，这项工作的大部分内容符合额外收入的特点，并因此不应与“稳定”工作一样，遵循相同的标准。“由于如此一大批劳动力都是由妇女、儿童和老年人组成”，因此很容易从根本上将这项工作描述为“依靠其他途径补贴家用的临时兼职收入”。[48]

因此，“额外收入”不应受到同样的法律审查，这样的神话一直流传了几个世纪。在临时工行业发展的最初几年间，上述说法再次产生了很大的影响，例如，它为大多数女性劳动力的不稳定低薪酬提供了合理性。纽约州立大学布法罗分校（State University of New York at Buffalo）的艾琳·哈顿（Erin Hatton）教授记录下了这些观点，以该行业中最早的一家美国参与者为案例：

> 临时工机构没有试图用低薪的临时工作来替代“养家糊口”的工会工作，而是选择了一条在文化上更安全的道路：为家庭主妇寻找临时工作，（据称）她们只为挣点零花钱。1958 年，有位必胜人力资源有限公司的高管对《纽约时报》说道：“典型的凯利女工……不想找全职工作，也厌倦了一丝不苟地做家务。或者她也许只是想找份工作，直到攒齐买长沙发或新毛皮大衣的钱。”[49]

当然，这并不是说过去几百年就像现在一样，临时工作背后的动机缺乏同样的异质性，无论工作是为了真正补贴收入，还是为了打发空闲时间，甚至是真的更喜欢不受老板直接监督的工作，抑或是远离通常很刺耳的工厂和车间环境。[50]

尽管如此，“混杂市场”这种等级模式对劳动力市场的总体影响显而易见：一个庞大的低技能工作组从根本上破坏了服务方个人和集体的谈判能力。工作的孤立性和不稳定性，使它很难以集体形式被组织起来，[51] 有些雇主在 1876 年吹嘘，该制度能让他们享受到：

> ……一种逆转的拍卖。星期一早上，外包商或家长们在主人的仓库集合……主人逐个叫他们过来，试探他们制作某种锁链要收多少钱，总是把工作交给那些出价最低的人。[52]

历史重演

因此，即便是简短的历史调查，也能揭穿按需服务经济的创新说法，至少就工作而言是这样。长期以来，雇主们试验了每种找工方式，从通过中介来分配工作，到求助于临时工。数字创新已经将独立的碎片整合在一起，解决了许多深层问题，但无法从根本上改变工作的性质。

然而与此同时，在展示历史上一系列类似情况时，重要的是不能掉进陷阱，认为按需服务经济的工作只是回到历史上的劳动力市场，或是一种新的“数字资本主义”。[53] 强大的中介协调大量通用性劳动力和由此产生的不稳定低薪工作，早在互联网兴起之前，这就已经再次成为现代劳动力市场的特征。就像国际劳工组织一份报告中指出的那样：

> 过去几十年中，工业化国家和发展中国家都出现了从标准就业向非标准就业的明显转变……包括临时用工、兼职工作、临时代理工作和其他多方用工关系、伪装后的用工关系和依附式的自由职业。[54]

创新神话之所以显得（如果不是更）重要，只是因为它在按需服务经济和外包、临时机构、零小时和类似的工作安排之间创造了一种不连续性和差异感，它在美国、欧洲和其他地区面临着越来越多的批评和审查。

大量文献表明，现代劳动力市场造成了劳动的碎片化，对服务方带来了负面影响。在《分裂的职场》（*The Fissured Workplace*）一书中，作者是波士顿学院（Boston College）的大卫·维尔（David Weil）教授，曾在奥巴马政府（Obama Administration）担任美国劳工部（US Department of Labor）工资及工时部门负责人（Head of the Wage and Hour Division），他描述了财务绩效压力如何促使越来越多的企业将外围工作外包出去，从卫生清洁和安保，到会计和人力资源。这种将工作分解成较小任务的做法，普遍存在于各个级别的机构和外包公司，"也分解了被公司视作核心的就业活动"，从"酒店的客房管理"到"律师事务所的基本法律研究"。[55]

因为每个中介都要抽成，所以问题开始涌现：

每往前走一步，剩下的利润率就变得更小。与此同时……劳动力要承担的成本通常会占据整体成本的更大份额……这意味着削减成本的动机更强，导致违反……基本的劳动标准。[56]

正如我们在第 2 章中看到的，将零工工作描述为一种全新的创新型经济模式，圆了所有人的创业梦，是关键的一步，从而保护零工经济不受越来越多监管工作的影响，能让中介和那些工作的最终受益者不用遵守税法和雇佣法规。

并非所有人都同意这些未来主义者的主张。瓦莱里奥·德·斯特法诺（Valerio de Stefano）曾任职于国际劳工组织，现在是比利时鲁汶大学（KU Leuven）的劳工法教授。他长期以来一直认为，按需服务与其他非标准工作存在着很多共同之处。他指出，零工经济仅仅是长期存在的多种模式的组合和重构。[57] 的确，现有的非标准工作形式和按需服务经济之间存在着明显的连贯性，其中，现代技术取代了之前的控制模式。[58] 正如马修·芬金（Matthew Finkin）已经证明的那样，这种连贯性可以追溯到几百年前的外部服务方和码头劳动力："20 世纪及以后，以家庭为基础的合同工作策略中，并不存在什么新的转变……依然在延续着资本主义冷冰冰的算计。"[59]

在 19 世纪，有两种因素通常被当作导致工作质量不合格的原因：一是"对廉价商品的'病态追捧'"；二是去中心化的生产，并"因为失衡的……监管和无效的劳动组织而进一步加剧”。[60] 芬金对碎片化劳动力市场的“经济逻辑”进行了更复杂的解释。他带我们浏览了剑桥大学两位经济学家的早期著作，作者是吉尔·鲁贝里（Jill Rubery）和弗兰克·威尔金森（Frank Wilkinson），他们确定了造成工作碎片化或被分解的若干因素，包括资本投资和技术（工作是否能变得碎片化？）、工作组织（能对服务方实现远程控制，例如通过财务激励？）、市场的灵活性（产品或服务的需求发生怎样的波动？），以及鼓励避免集体行动和法律监管。[61]

在许多方面，技术使上述每个因素都变得更加突出。得益于互联网，工作现在能被分解成不受地域限制的任务，在伦敦的不同市镇，服务方彼此间的竞争已经变得全球化。技术创新，从地理定位器到截屏软件，让平台对每个服务方施加的控制达到前所未有的未知程度，任何时候都几乎没有成本。算法派遣服务方，以满足某个特定领域的服务需求，还可以通过接受训练，来预测需求方的需求，而不仅仅是响应需求。

然而，令人惊讶的是，零工经济的深层结构却依然保持不变。至少就工作而言，创新在很大程度上只是一个神话。就像安徒生笔下的骗子利用皇帝追求最新时尚的弱点一样，平台限制了我们应该对创新给予的支持，并将一个已经一百岁的老模式，包装成一种全新的组织工作方式，再兜售给我们。

我们为什么要在意

因此，创新的说法与第 3 章中的创业一样，听起来很空洞。Upwork 的首席执行官斯蒂芬·卡斯里尔（Stephane Kasriel）对此表示赞同："自由职业经济真的只是回归到一系列限制消失前的工作状态。"[62]

既然以平台为基础的工作的确没有什么新奇地方，我们又何必在意呢？世界各地的市场营销部门不断地将产品和服务贴上最新的创新标签。毕竟，即便知道他们的说法并不是真的，我们也高兴地默认了。

然而，按需服务经济的创新说法可能危害性更大。它不仅是企业的欺人之谈，旨在引起客户和服务方的兴趣，并让监管者陷入困境。创新的话术掩盖了零工经济商业模式中两个更深层的、问题大得多的方面：①商业风险从平台急剧转嫁到个体服务方上；②真正的危险在于，这种对廉价劳动力的依赖，导致平台走向了真正创新的对立面。

转移风险：没有回报

共享经济的欺人之谈包括新的（混杂）市场和一场经济革命，在这个世界中，传统雇主和大型公司失去了对需求方和服务方的控制权。零工经济平台介入，为每个人恢复了选择权和控制权。当然，在某种程度上，它没错，独立承包商比固定员工享有更多的灵活性，他们牺牲了自己的一些自由，以换取稳定和保护，需求方可以获得以前负担不起的产品和服务。

但要小心，市场不仅分配经济活动的战利品，它们还分配风险。几百年来，这都是每位创业者必须努力应对的：风险在于，他们的服务或产品可能找不到任何买家，而且对时间、金钱和资源的投资可能因此而受到损失，而风险的回报就是他们有机会在事情进展顺利时，享受近乎无限的好处。

当我们跳出本章所讨论的"创新"布局，从历史上的外出工作和稍晚一些的临时机构，到零工经济平台，再一次聚焦其深层经济学时，另一个问题就会出现。零工经济的商业模式设计，是为了脱离完全正常运行的市场中所固有的创业者的基本平衡，成本和风险被转嫁到服务方身上，而中介却可以享受利润。正如英国政治家欧内斯特·贝文（Ernest Bevin）所言，服务方期待的自由只是意味着"身无分文回到家的自由"。[63] 换句话说，碎片化、中介和其他"混杂型"布局发挥着套利工具的功能，允许平台运营商在无需将大部分资本置于风险之中的情况下，就能抽取利润。

因此可见，零工经济的崛起，只是一个利用基本的经济架构而呈现出的最新形式，这被耶鲁大学（Yale University）的雅各布·哈克（Jacob Hacker）称为"风险大转移"。[64] 哈克教授指出，在自由选择的"所有权社会"中，人们越来越强调"个人责任"，它掩盖了对服务方安全和保护的破坏。[65]

平台对创业和创新的强调，与上述言谈完美地融合在一起。曾经，有位司机向优步首席执行官特拉维斯·卡兰尼克抱怨，最近的定价变化让他破产了。卡兰尼克的回应发人深省："你知道吗，有些人不愿意为自己犯的错承担责任。他们把生活中的一切问题都归咎于别人。祝你好运。"[66]

在最后一章，我们将继续讨论这种风险转移背后的机制，以及它对所有人造成的更广泛的影响。有关创新的话术掩盖了这一点：当事情没法像承诺的那样进展顺利时，那就成了服务方的错，埋怨他们对业务不负责任，而且持批评意见的评论者很容易被描绘成无可救药的卢德派。

创新动力

最后，创新在建构我们整体经济的过程中也发挥着巨大的作用，但却伴随着一些有趣的现象。国际货币基金组织（International Monetary Fund）主席克里斯蒂娜·拉加德（Christine Lagarde）在 2017 年春强调，经济学家和政界人士越来越关注创新以何种方式重塑市场，或者更确切地说，创新以何种方式未曾影响市场：

> 我先说一个好消息。从无人驾驶汽车到机器人律师，再到 3D 打印的人体器官，技术创新似乎比以往发展得更快。不太好的消息是，除了生产率的统计数据外，我们在任何地方都看不到技术突破。[67]

评论者花费很多笔墨努力解决这一悖论。比如，有一派观点指出，近几十年来，任何领域的创新都没有我们通常认为的那样多。该观点还认为，我们虽然可以适应并重新配置现有技术，但却没能取得任何真正的突破。[68] 另一种看法主张，问题出在了投资资本下降，《金融时报》记者马丁·桑德布（Martin Sandbu）强调，过去十年来的经济报道一直显示，发达国家的资本投资较弱。[69] 换句话说，即使有新技术，雇主似乎也不会采用。

上述生产力难题一直是广泛的激烈争论的主题。[70] 它并不仅限于零工经济，然而我们不应忽视一个重要的连接。在某些方面，按需服务经济中的工作不仅是用数字化方式重现旧的就业模式，它还可能与我们得到的承诺完全相反。

按需服务经济声称培育了一种具有革命性的创新文化，它面临着两个与之密切相关的挑战：①它有许多所谓的创新要素，但实际上只是为了支持现有运营商对抗未来的竞争对手；②平台的商业模式实际上会遏制对研究开发的投资，并限制刺激创新的工作条件。

1. 有害创新

以评分算法为例，与服务方和需求方相关的可用信息急剧增加，极大缓解了过去困扰双方市场的信息不对称。提高生产力的创新案例看起来很简单：大量信息促使供求匹配变得简单，为平台用户增加了服务内容，让服务方增加了收入。然而进一步审视就会发现，并非一切都像表面显示的那样。正如我们在第 3 章中所看到的，算法评分中的两个最重要的功能都是控制服务方，并将他们绑定在特定应用程序的“生态系统”中：评分需要花时间才能建立起来，无法从一个平台转移另一个平台。

零工经济是一项网络业务。平台只有在迅速占领并抓住市场的极大份额时，无论就服务方还是需求方而言，它们才能茁壮成长。由于缺乏基础设施或类似的资本密集型投资，因此任何试图挑战亚马逊的竞争对手，首先，需要建立一个包括仓库、飞机和配送中心的巨型网络，这并非易事。其次，对于其他提供商来说，进入大多数零工经济市场仍然是一个简单的诱惑，只需要一个应用程序（并愿意在获取市场份额时损失一些风险资本），甚至就能成为最大的运营商。

算法评分（以及我们之前讨论的其他绑定机制）试图让竞争对手的生活变得困难，它们无法获得必要的动力，在背叛服务方和更小规模的需求方后，不得不从零开始。媒体上出现了越来越多让人质疑的创新案例，其目标类似。2017年春季，一系列报道宣称，优步为达成恶毒的目的，对其软件进行了修改：有个名为“灰球”（Greyball）的工具，旨在通过拒绝执法人员的乘车请求，来打击执法人员；另一个名为“地狱”（Hell）的项目，据说针对竞争对手来福车，通过“建立个人档案，筛选出同时为优步和来福车开车的人。继而，优步会向使用这两种应用程序的司机优先派单，希望说服司机放弃来福车”。[71]

该公司指出，灰球是一个重要工具，用于打击欺诈性乘车请求，对地狱的调查也正在进行中。然而，如果最后证明潜在指控是真的，那么这两个项目将成为进一步证明有害创新的例子。这不是通过提高市场效率来改善整体福利，而是目的更可疑的创新：在平台的市场中构建壁垒，以针对新的进入者。[72]

2. 限制创新

也许更让人担心的是，零工经济并不只是无法实现其创新主张：它可能被生硬地利用，达到完全相反的效果。这一章中，我们聚焦了零工经济商业模式的三个要素，分别是廉价的劳动力，将服务方分散成个体化的工作组，以及坚持在雇佣法的范围之外运营，并证明它们都是抑制和阻碍创新的因素。

我们先来讨论廉价的劳动力。此处的基本观点是，只要人们能够以极低的成本完成一项特定任务，就无须在创新型机器的开发、安装和维护方面投资。正如《经济学人》的瑞恩·阿文特所说的那样：

> 劳动力过多，以及工资下降的压力，共同降低了在新的劳动力节约型技术方面的投资动力。除非非常有必要，否则公司不会全面检修其仓库，并将其自动化，也不会为了触摸屏而更换一批服务人员。因此，各部门的生产率增长速度要慢得多。此外，还存在着动态效应：当你因为劳动力廉价而不再部署新技术时，你就不能受益于所有连锁反应式的炫酷创新，无法积累无形资本，而这些在以后的路上都有助于生产率的增长。[73]

过去和现在的大量证据都支持上述主张。例如，1855年，英国议会的一个委员会调查了外出工作行业，发现按需服务商业模式在历史上不仅会对服务方产生致命影响，而且还会波及整个经济。据说，企业家对廉价外部服务方的依赖，“导致长久使用不完美的劣质机器……并因此无法采用改进后的、更经济的生产模式”。[74]

两种相反的观点立刻浮现在脑海中。第一个观点是，优步大力宣传，要研发自动驾驶汽车，这该怎么解释？第二个观点是，无论如何，推迟创新型自动化的进程，能否让那些工作受到机器人崛起威胁的服务方获益呢？就第一个观点而言，优步对自动驾驶汽车的强调，越来越让专家们从技术和经济两个角度提出质疑：该公司的努力似乎极大落后于其竞争对手们的技术进步。[75] 无论如何，在轻资产模式下，优步司机承担所有汽车、汽油和时间成本。为什么优步要投巨资在昂贵的自动驾驶汽车车队上，以取代目前的轻资产模式呢？《金融时报》的结论是，“这种思维从根本上错误地评估了汽车市场的经济学”。[76]

零工经济对创新的威胁，也让服务方苦不堪言。经济历史学家邓肯·比塞尔（Duncan Bythell）使用了一个很有说服力的案例，说明创新，甚至自动化，不一定会损害服务方的利益。他认为，服务方与技术创新之间的任何直接冲突，都只能在一个行业的“最终死亡阵痛”中看到。[77] 与此同时，创新往往使工作更容易、更安全，以及最重要的是，效率更高：“之所以出现外部服务方面临的典型问题，间接性就业，工资低，并不是因为机器正在取代服务方，而是因为机器没有取代他们。”[78] 由于按需服务经济商业模式的核心要素是，立即向大量廉价服务方求助，因此不仅不具有创新性，还很可能有助于维持那些没有投资真正创新并靠廉价劳动力成本完成竞争的公司、服务和产品。

最后，零工经济的就业结构还会以不那么直接的方式阻碍创新。越来越多的证据表明，雇佣法保障了服务方在一份工作中的稳定性，包括促进雇员的创新型工作，鼓励公司投资高风险但可能打破现有模式的项目，特别是保护服务方免于受到不公平的解雇。[79] 创造力和创新似乎进一步地与和谐的群体环境中的工作有关："组织和机构推动了创造力，并给我们带来了与之相应的繁荣发展。去组织化和分裂则不会如此。碎片化的、脱节的劳动力会发现，要驾驭他们的集体智慧，通常难度要大得多。"[80] 换句话说，零工经济的高度个人主义、一项项任务的独立外包模式，从根本上破坏了许多（如果偶然的话）创新繁荣所需的公认条件。

独角兽的新衣

在质疑"出租车独角兽的新衣"时，《金融时报》记者伊莎贝拉·卡明斯卡认为，"目前可见的唯一创新之处是，过去是'你打电话给乘客大人'，如今变成了'你在自己的应用程序里欢呼乘客大人'"。[81] 这种说法可能有点过于简单，但只是有点儿简单而已。我们在本章中对创新神话的讨论可以表明，在零工经济商业模式背后，没有一个基本要素是创新的：庞大的工作组、强大的中介，以及由此产生的恶劣工作条件，它们都已经存在了几百年，而且早在互联网出现之前，就已经在现代劳动力市场中再次出现了。

当然，在零工经济应用程序和平台背后，很多技术都是真正的创新。然而就劳动力而言，我们必须确保他们不会掉入产业话术的陷阱，认为它按照我们了解的样子重新创造了工作。正如皇帝最终听到了那声呼喊一样，我们应该关注现实的情况，确保零工经济的真正创新要素能够繁荣发展，同时制止那些更有害的方面。

如何做到这一点？让我们将在第 5 章中探讨这些选择。

第 5 章　颠覆颠覆者

马基雅维利（Machiavelli）警告说，重大政策问题易诊断，但难根治。[1] 对零工经济的管理也是如此吗？不一定，只要对症下药就行。零工经济为有些人提供了创业机会，为其他人提供了严格控制下的不稳定工作；该技术具有创新性，也令人激动，其深层商业模式也有着悠久的历史渊源。

任何建议性的解决方案都必须对按需服务的异质性足够敏感。我们需要维持劳动力市场中的灵活性，同时解决它带来的不安全感。关键在于，要承认按需服务零工、任务、出行和“人类智能任务”都是工作，并且进行相应的管理。雇佣法支持的一个关键前提是：服务方同意服从其雇主的命令，作为回报，他们享有一系列保护性准则。除技术外，按需服务平台施加的控制与其他企业并没有本质区别，也不应该对服务方的基本保护差别对待。

这如何才能在实践中发挥作用呢？我们需要解决就业律师所说的“个人范畴问题”：零工服务方是雇员还是独立承包商？谁是他们的雇主？至少就第一个问题来说，我们需要确保所有参与者都遵循长期确立的相同规则，来保证竞争环境的公平。我们将探讨全球不同的法律制度如何学着应对雇主，他们尝试错误地把工作定性为独立创业，并讨论即便在雇员和客户之间的传统界线变得模糊的情况下，如何才能准确地分配责任。这些相对简单直接的步骤具有广泛而深远的意义：雇佣法保护服务方，让他们不再碰到我们以前遭遇的许多困难，无需对零工工作的灵活性造成威胁，恰恰是这一点最初让零工工作如此吸引人。

一旦纳入雇佣法的范围内，服务方就享有基本的权利保障，从最低工资权利到反歧视保护。然而，对雇佣法的具体规定来说，可能需要修改现有标准，以应对零工工作的具体元素，从可移动的评分和依靠弹性工作时间获得更高薪酬，到重新组织工会。最后的结论是，我们需要破解一个神话，即就业权利和灵活性在本质上是不相容的，它是最具误导性的、危害性最大的误解，无法让所有工作享受平等的保护。

按需服务经济中的监管工作

对劳动力市场的法律监管，取决于从根本上权衡安全性和控制这两个方面：签订就业合同的雇员，其工作受到保护，而独立承包商则不受保护。大多数国家的雇佣法都采用了这种“二元区分”模式，并以此为基础构建雇佣法、税收和社会保障体系。服务方及其雇主若是存在疑问，可以向法院求助。经验丰富的劳工法官通过一系列法律检验（通常包括控制、服从和/或经济依赖等元素），来确定谁是服务方，谁是真正的创业者。

诺贝尔经济学奖得主罗纳德·科斯是首批提出一种理论来支持该方法的人之一。他的观点是，创业者严格控制其劳动力，背后的秘诀是双方签订就业合同：雇员定期收到工资，作为回报，自己要服从雇主的命令。[2] 就业及社会保障法律对此进行了响应，保证这些权利得到负责任地实施。就业合同使雇主有权控制一切，从工作及薪酬支付方式，到招聘及解雇员工。它还对如何行使这些权利做出了规定。雇主不能强迫服务方整天劳动，薪酬不能低于最低工资标准，以及在雇佣和解雇服务方时，不得非法歧视特定群体。[3] 雇主扣除工资税，并承担养老金和保险金的费用；独立外包商可以设定更高的税率，以完成自己的纳税申报，并换取长期的经济稳定。

有些零工经济的欺人之谈认为，平台不可能遵守雇佣法。古代的繁文缛节如何能跟得上前沿创新呢？难道为20世纪的劳动力设计的监管，能适合当今的创业者世界吗？难道它在任何情况下，不都是过于复杂了吗？其实，不完全是。正如我们接下来将要看到的那样，世界各地的法律制度经过不断演变，愈发频繁地应对按需服务经济的工作所带来的许多挑战。对平台商业模式的监管可能需要进行一些谨慎的升级，或制订具体的规则，但总体信息是明确的：真正的创业超出了雇佣法的范畴；它被严格控制，而依附性工作却并非如此。

“颠覆”已经成为硅谷违反法律的缩写，因此是时候“颠覆颠覆者”了，这样才能保证共享经济的竞争环境是公平的。第一件需要做的事情很简单，把按需服务重新纳入现有的雇佣法律法规的范畴；忽视平台将服务方错误划分为创业者的尝试，并准确界定雇主的责任。

遵守游戏规则

严格控制服务方对提供一致且精心策划客户体验至关重要，但它也引发了一系列保护服务方的法规。在零工经济的危险边缘，按需服务平台试图从双方那里获得最大的好处，既拥有雇主享有的全部控制权和经济回报，又能在跟独立服务提供商签订合同时，理直气壮地逃避责任。这就是为什么许多按需服务经济运营商坚持认为自己只是中介而不是雇主，认为自己不应该像其竞争对手那样，受到监管。

忽视雇佣法是这个等式中的一个关键因素——尤其当服务方没有真正创业空间的时候，这个问题特别严重。平台用来推卸责任的机制简单到令人惊讶，离创新十万八千里。这种“颠覆”的基础是，用合同条款进行错误分类（平台合约及条款简单断言，服务方是独立外包商而非雇员），还通过共享，以及模糊雇主对客户和平台之间的控制，越发频繁地使用多边工作安排。[4]

让我们依次看看法律如何应对这些挑战。

为服务方（错误）分类

在讨论现实中的按需服务经济工作时，我们发现，对交付服务的各个方面严格控制，恰恰是算法管理的特征。就业分类应该是非常直接的，但是当平台控制所有事宜，从任务分配，到任务表现及支付，难道我们不能说这就是“灰色地带”吗？然而，创造这种不确定性，正是精心撰写且措辞强硬的条款想要传达的核心内容，而且潜在的服务方及客户在加入平台之前，必须接受这些条款：

> 接单人是独立承包商，不是公司的雇员。公司不承接任务，也不雇佣个人承接任务。用户在此做出以下声明，公司不监督、不指导、不控制或不监视接单人的工作，也不对任何人的工作表现或任务承担任何责任。[5]

所有人似乎都同意，按需服务平台只是客观中立的中介，为独立外包商及其客户之间的交易提供支持，并因此一定不受地方、国家或国际的就业监管。

但法律不会如此被轻易地打败。合同当事人“同意”任何与其法律关系相关的特定标签，这种自由权利受到法院的严格控制。就像英国最高法院在1985年做出的著名裁决那样：

> 协议一旦产生法律后果，就只能通过考察协议的效力来确定……但制造一种顶端有五个分叉的工具，用于人工挖掘，即使制造商不熟悉英语，坚持自己的意图，并且已经制造出一把铁锹，也不会改变他应该生产叉子的事实。[6]

由于雇主试图将其劳动力错误地定为独立创业者，世界各地的政府因此制定了各种法律条例，以保证法律根据实际情况对某种关系进行分类，而不是采用一方已经强加给另一方的标签。

在英国，这通常被称为“虚假的自营职业”（Sham Self-employment）。最高法院在“车助理”（Autoclenz）一案的主判决中，认可了大多数服务方订立合同背后所处的现实经济状况，并强调雇主规定的一整套书面条款不能成为支持创业脱离雇佣法范围的证据：

> 在决定任何书面协议的条款是否真正代表一致认可的内容时，必须要考虑到双方的相对议价能力，真正的协议通常需要从案例的所有情况中收集而来，书面协议只是其中的一部分。[7]

世界各地都以不同方式采用了这种“目的解释法”（Purposive Approach），即法院在确定当事人协议的法律效力时，会考虑合同较为广泛的背景。以美国为例，包裹投递及物流供应商联邦快递（FedEx）在很早以前就因为错误分类而陷入了法律诉讼。跟今天的许多按需服务平台一样，该公司对其送货司机实施了严格的控制，同时声称他们是独立外包商。在 2014 年一项对联邦快递的主判决中，美国联邦上诉法院第九巡回审判庭（the Court of Appeals for the Ninth Circuit）根据加州法律，支持了司机是雇员的说法，巡回法官特洛特（Trott）还补充了以下意见：

> 据报道，在被问及“如果把狗的尾巴称为腿，一条狗有多少条腿？”时，亚伯拉罕·林肯（Abraham Lincoln）回答道：“四条。把狗尾巴叫作腿并不能把它变成腿。”卡多佐法官（Justice Cardozo）也提出了同样的观点……我们的专业意见是，当被要求描述一项书面法规时，要注意“根本现实而非形式或标签”……重点是？在联邦快递的运营协议中，为司机贴上“独立外包商”的标签，最终并不能把他们变成独立外包商。[8]

大多数欧洲法院都将类似的做法称为“事实至上原则”（principle of the primacy of facts），国际劳工组织的第 198 条有关就业关系的建议也认可这一原则，根据该建议，服务方的分类：

> ……应主要以和工作表现及服务方薪酬相关的事实为指导，无论任何矛盾的协议如何界定这种关系，无论当事人之间是否通过合同或其他方式达成一致。[9]

美国圣路易斯大学（St. Louis University）教授米里亚姆·切里（Miriam Cherry）是按需服务经济服务方错误分类方面的重要专家。她认为，虽然有关创业和创新的欺人之谈一开始阻碍了服务方的诉求，但如今诉讼闹得正欢，从杂活服务到食品及杂货外卖，所有将服务方错误分类的平台都受到了影响。[10] 加州法院一直处于众多争议的中心，既因为该州的就业和劳动法相对宽松，也因为硅谷的大多数企业都合法定居于此，但诉讼越来越全球化：2016 年夏季，伦敦中央就业法庭（Central London Employment Tribunal）受理了第一起优步司机集体索赔案，他们声称自己以服务方的身份被平台雇佣。[11]

后来的判决引起世界各地记者和监管者的关注，施奈尔森法官（Judge Snelson）明确认定，索赔司机是服务方，而不是独立创业者。《阿斯拉姆和法拉尔状告优步》（*Aslam, Farrar v Uber*）的庭审记录极为罕见地指出：

> 第一，……令我们感到震惊的是，优步为了强行让两家公司、司机和乘客按照达成协议，以此（或者我们应该说是它的律师）来描述自己，并分析各方的法律关系，而付出了惊人的努力。任何组织（a）经营一家企业，其核心业务是用汽车载人……（c）要求司机和乘客同意，按照合约该公司不提供运输服务……并（d）在文件中使用虚假、歪曲的语言，甚至全新的术语，我们认为，以上所有行为都需要一定程度的怀疑。回顾平台的一般案例，以及优步经理伯特伦女士（Ms Bertram）冷酷但诚实的证据，我们不禁想起格特鲁德王后那句最有名的台词：我认为你辩解太多了。
>
> 第二，每当我们想起很多通过口头或书面方式讨论

> 无人监管的优步时，我们的怀疑并没有减轻，这证明了这个司机的简单案件，即该组织经营交通运输业务，并因此雇用了司机……
>
> 第三，在我们看来，否认优步以交通运输服务供应商的身份在营业，是不切实际的。简单的常识告诉我们，事实恰恰相反。[12]

优步针对这一决定提出上诉，但并没有成功。在驳回上诉时，御用大律师艾迪法官大人（Her Honor Judge Eady QC）认为，伦敦中央就业法庭有权认定优步与司机之间的合同，司机本人为优步工作，作为其业务的一部分，向乘客提供运输服务。[13]

就业法庭的明确态度在英国引发了一波类似案件诉讼潮，法官们自始至终都愿意透过合同术语的背后看问题。例如，在裁定一名自行车快递员进行无薪假日工资索赔时，就业法官 J. L. 韦德（J. L. Wade）驳回了工作人员可以自由选择工作时间和工作地点的说法，因为“她害怕如果拒绝接单，就得不到更多的工作”。根据法庭的结论，这是“工作议价能力的不平等”。[14]

不仅仅是服务方由于被错误分类而提起法律诉讼；当雇主不支付国家保险并缴纳养老金时，服务方也会吃亏。在法国，社会保障管理机构家庭补助金征收联合会（URSSAF）和社会保险机构中央管理处（ACOSS）正向优步追讨数百万欧元，平台曾拒绝支付这笔款项，坚持其司机只是独立外包商。[15] 世界各地的监管机构开始对此表示关注。2015年春季，美国劳工部工资及工时部门颁布的《1938年美国公平劳动标准法案》(*American Fair Labor Standard Act*)，被广泛视作是对按需服务行业错误划分独立承包商类别的警告。[16] 英国政府的商业、能源及工业战略部（Department for Business，Energy and Industrial Strategy）明确提醒快递服务公司户户送，其司机必须获得合法的国家最低工资，除非有法院或法庭做出相反裁决。[17]

撰写本书时，许多案件仍在审理之中，或正通过上诉系统反映其诉求。就已解决的索赔而言，结果差异很大，原因有以下几个：世界各地的法院和行政机构已制定并应用了相互矛盾的检测和解释（美国法律甚至根据提出索赔依据的法规，采取不同的方式检测），按需服务平台的商业模式不断变化，诉讼策略亦是如此，因此很难勾画出一致的图景。

切里的详细分析表明，虽然有些平台为其案件辩护成功，但其他平台决定将其服务方重新分类为雇员。[18] 优步在美国的最初立场，使它在2015年输掉了备受瞩目的(但最终是非约束性的）工资及成本案件，那是司机芭芭拉·安·伯威克（Barbara Ann Berwick）向加州劳工委员会(California's Labor Commission）提出的索赔。[19] 2016年4月，优步做出了极大让步，该平台提出和解方案来应对两起集体诉讼，原告是加利福尼亚州和马萨诸塞州寻求雇员身份的“合作司机”，要求优步一次性支付8400万美元，并对其商业模式进行几处修改。[20] 然而，美国地区法官郑一芳拒绝了和解方案，担心和解条款只会在短期内改变司机的状况，还会让平台逃避超过 10 亿美元的实质性罚款。[21]

其深层信息很明确：无论措辞多么讨巧或强硬，只想简单通过把员工定义为独立外包商就，来否认雇佣关系的。就业和劳动法的普通测试根据每个管辖区和法律诉求不同，被应用在按需服务经济的工作中，而且鉴于平台对服务交付进行了多方面的严格控制，它们往往指向雇员身份，却没有把真正的创业者纳入保护性法律和监管的范畴。[22]

个别案件事实会继续产生界定困难的问题。然而，在这方面，按需服务经济中的工作与今天许多其他职场的索赔人面临着类似的情况。事实的复杂性是个无关紧要的看法，它认为按需服务平台不应受雇佣法的约束：解决难度高的索赔，恰恰是初审劳工法官和管理者长久以来一直接受的训练。

确定“雇主”

然而，有些法律制度可能会变得更加复杂。长期以来，雇佣法的基础一直是一个服务方与单一雇主之间的合同，也就是双边关系。我们已经看到，平台的商业模式在模糊客户、雇主和服务方之间的界限方面发挥了巨大的作用。虽然有些运营商对其产品的所有方面行使完全的控制权，但其他运营商则给予用户相当大的自由空间。在任务兔上，接单人可以设定服务价格，在亚马逊的机械土耳其人上提交需求的人可以为每个任务规定可用的工作时间，Upwork 这类平台的客户通常精确地规定完成工作的方式。换句话说，服务方和客户有时都会行使控制权，从而影响那些传统上属于雇主特权的领域。

将控制权分散在平台和用户之间的商业模式，会令法律制度产生问题，特别是英国的法律体系，它认为就业是一种双边关系——独立的两方之间签订的合同，即服务方及其雇主。[23] 我们如何才能认识到这个事实，即雇主可能不止一个？解决办法在于，用更灵活的办法确定谁应该负责。

1. 雇主职能的概念

从法律层面看，我们可以将雇主的权力以及法律对他们的控制解读为“雇主的职能”。在之前出版的《雇主的概念》（*The Concept of the Employer*）一书中，我明确了五种上述职能，从招聘和解雇，到对工作及薪酬的控制。[24]

从传统上看，一方面，有一方是科斯著名的“企业家协调员”，它会行使上述所有职能，通过就业合同控制其员工。另一方面，独立创业者自己设定工资，决定做哪些工作，并承担参与市场竞争的风险（以及获得回报）。

在按需服务经济的应用程序、可移动技术和算法的世界中，这种情况已经不复存在。平台不需要通过雇佣合同协调和控制它们的劳动力，不同的当事人可以通过他们的数字化基础设施行使具体的雇主职能。由此产生的变化可能是无穷无尽的：有些平台，包括大多数共享出行应用程序，几乎完全行使了五个传统的雇主职能；另一些平台则将某些职能分配给需求方（比如 MTurk 的客户，他们自己确定工作内容、工作时间和收费标准)；遵循任务兔商业模式的运营商可能直接与个体服务方分享关键的职能，如确定薪酬。

一旦雇主职能的执行权被共享或分配给不同的当事方，找到责任界限明确的雇主就会更难：我们无法再将单一的一方确定为雇主。可能产生的结论是，服务方因此不再是雇员，必须是独立创业者。但结论是不对的，因为由多个当事方通过一个平台控制的工作，并不是真正的创业。另一个可以落实的解决办法是，平台在任何情况下，都要承担雇主责任，在有些辖区中，劳动力外包机构也是如此。然而在某些情况下，这也可能会出现问题，但原因相反：要是一个真正的独立商人想通过任务兔为其服务做广告，该怎么办？

我们不能落入这种“全做或不做”的陷阱，而是应该以更灵活的方式使用雇主职能的概念。承担一种或多种雇主职能的人，必须遵守适用于其行为的监管。例如，如果一个平台设定了服务方的薪酬标准，它必须确保遵守最低工资条件。我们不再局限于费劲寻找“雇佣合同”，而是提出一个更直观的问题：谁是负责人？

2. 简单案例：平台即雇主；真正的创业者

在许多情况下，平台承担所有责任，要么是因为它行使全面控制，要么是因为它与客户共同控制（并因此共同承担责任)。即使客户参与定价或确定任务，后续有关控制和确定薪酬的权力仍然掌握在平台手中。只有在真正创业的情况下，即当一名服务方决定接受哪项工作，制订收费标准，并完全控制任务如何完成以及由谁完成，才算自己行使了雇主职能，并因此不属于雇佣法保护的范围。我和奥地利维也纳大学（Vienna University）教授马丁·里萨克（Martin Risak）讨论过一个相对简单的案例，来说明它将如何在实践中发挥作用：支付服务方的成本和工资。[25]

在该范围的一端，单个平台行使所有雇主功能。如此一来，事情相对简单，如果平台设定薪酬标准，例如，为每项任务确定收费标准，或是提供固定价格，它显然完全控制了服务方盈亏的机会，因此必须将提供服务的所有成本纳入考虑范畴，确保服务方赚到最低工资。

共享出行平台是按需服务商业模式的一个很好的例子，其中，雇主职能概念清楚地将平台视作雇主。公司的算法决定了由哪位司机接单，控制司机的路线和好评率，设定费用标准，并因此确定薪酬，还根据内部政策“终止”与司机的合作。法院应该乐于忽视任何宣称创业的“虚假”合同条款，将从保障最低工资到支付医疗保险费用等一切需要承担的责任，都明确地指定给平台。他们对平台的说法见怪不怪，即司机能完全控制自己的收入，也就是说，他们只要延长驾驶时间，就能赚更多的钱。在奥巴马执政期间，美国劳工部明确表示：

> 在考虑一个服务方是否有机会获利或损失时，重点是服务方的管理技能是否会影响其获利或损失……服务方能工作更长时间以及能完成更多雇主分配的工作量，这与服务方的管理技能无关，很少能将雇员与独立外包

商区分开，若是干得多，并且有更多工作可以干，那两者都有可能赚得更多。[26]

该平台明显行使了相关雇主职能，即确定薪酬，因此它将承担相应的法律义务，从提供服务方工具，确保遵守最低工资标准，到扣除工资税，并缴纳社会保险。

在该范围的另一端，雇主的功能概念也在发挥着作用，真正独立的创业者通过按需服务经济平台宣传自己的服务。试想一下，一位当地的水管工，完成惯常交易后，还会通过平台寻找新客户。她自己判断任务难度，以此确定自己的收费标准。该平台会从她的收益中提成当作介绍费，但水管工作为一名创业者，可以自己决定完成工作的方式，如雇佣助理，并自控盈亏。若是平台只用这种方式为服务方提供投标工作的机会，那么它并没有承担雇主职能，是创业者本人在承担上述职能，因此是其本人需要遵守税收和保险条款。

3. 较难案例：多个雇主

由于按需服务的商业模式存在着数不清的变化形式，因此许多案例都处于上文描述的两个极端之间，尤其是当需求方和平台共同行使一种或多种雇主功能时。雇主的职能要如何应对这些情况？我们已经介绍若干平台，它们与单个客户共同承担着制订薪酬的职能。以亚马逊的机械土耳其人平台为例，需求提交者为任务设定完成时间和报酬。平台提供沟通的基础设施，向潜在服务方传达上述报价，收取预定佣金，并定期向众包服务方付费。这是否意味着，平台和需求提交者双方都在行使雇主职能，并因此承担起保障服务方最低工资的法律义务呢？从原则上看，是的。

这种做法要想付诸实践可能是困难的。个人如何知道一个服务方从属哪里？或最低工资是多少？当获得过低报酬的服务方试图维权时，我们该如何避免平台和客户相互指责推诿责任呢？就履行最低工资标准而言，平台能轻而易举地掌握所有相关信息：别忘了，在 MTurk 平台上提交需求的人已经能够确定合格众包服务方的地理位置了。根据雇主职能的概念，平台应该负责如下系统设定，无论工作时间多长，客户输入的数值都不能低于每小时的最低薪酬。[27] 与之类似，想要回答根本的执行问题，需要承认一点，即平台通常参与雇主职能的行使过程，即便它们的合同所主张的观点与之相反。根据“连带责任”的法律原则，服务方由此可以选择追究其雇主中的任意一方所欠的全部款项，之后让共同被告按比例结清费用。

我们将在第 6 章讨论涉及范围更广的政治经济案例，把雇主的责任划归到平台、用户甚至服务方本人。就目前来说，需要重点指出的是，从职能角度鉴别雇主，甚至多个雇主，其中的很多元素已经被世界各地的法院所认可。以法国为例，法院已判定，当若干当事方密切参与关键雇主职能的行使过程中时，“共同雇主”负有责任，[28] 欧盟法院表达了类似观点，愿意从广义上解释雇主的概念。[29] 在美国，联合雇主身份自 1938 年起就被纳入了《美国公平劳动标准法案》；[30] 在英国，普通法进行了类似的调整，追究多个雇主的责任。[31]

因此，按需服务经济中的雇主责任问题没有最初看起来的那么棘手。仅凭合同，不足以否定服务方的雇员身份；即便多方共同行使传统的雇主职能，雇主职能的概念也能准确一致地分配责任。通过将无法享受真正创业者权益的服务方纳入雇佣法的范畴，公平的竞争环境得以恢复：提供服务的平台不再只充当独立外包商及其客户的介绍人，而是被认证为雇主，有义务为劳动力支付薪酬，提供保护。

保底权利

将按需服务平台归类为雇主，将零工界定为员工，并不能解决前几章中确定的所有问题。然而，这是关键的第一步，可以解决零工服务方面临的一些最紧迫的问题，从长到危险的工作时间，到具有歧视性的算法。[32]

不妨以工作和收入的不可预测性为例。我们看到平台不断改变工作和薪酬的所有元素，从任务分配和定价，到佣金结构，这使得服务方很难提前进行规划。许多就业保护系统通过"就业保护规则和与信息、咨询以及共同决定上述变化的相关规则"，限制了雇主更改合同的权利，并平衡了管理要求和服务方权益。[33] 回想一下，亚马逊使用礼品券代替佣金向众包服务方支付酬劳的做法，这些礼品券只能在亚马逊网站上使用。类似做法自中世纪以来就一直存在，但所谓的"卡车做法"很快就被视作是极具侮辱性的，早在 1464 年英国就宣布这种做法是非法行为。[34]

从财务角度看，服务方被界定为雇员的主要结果，是服务方获得了最低工资和费用补偿的权利。[35] 长期以来，许多平台拒绝遵守当地的最低工资立法，认为即使服务方被划为雇员，也无法确定任何个人在其特定的服务上实际花费了多长时间。例如，一个司机在寻找乘客时，可能同时会用不同的手机打开优步和来福车的应用程序，或者一边尝试在手机上完成 Fiverr 平台上的微任务，一边在机场排队等待乘客。

计算工作时间

塞斯·哈里斯和艾伦·克鲁格强烈支持这个观点，即很难计算零工服务方的工作时间。[36] 实际上，他们认为当前的雇佣法不能适用于按需服务的服务方，主要原因就在于“工作时间的不可测量性”：

> 对独立服务方而言，工作与非工作之间的界限在很大程度上是难以确定的。网络零工经济中的服务方可以在完成个人任务时，打开一个或多个中介应用程序。这将延展所有对“工作”的合理定义，将这部分时间计入工作时长……从概念上看，服务方等待工作的时间不能分配给某个具体雇主。[37]

然而进一步审视后，他们的观点就被推翻了。

首先推翻的是时间的不可测量性。克鲁格教授与他人合作撰写了一篇有关2015年优步司机劳动力市场的论文，提供了工作时间和平均时薪的详细数据。有人认为，一名工作人员能同时使用多个平台，这种观点同样站不住脚，因为有些运营商的算法已经准备好惩罚那些不接受特定任务的人（例如，当拒绝工作需求的次数太多时，账号会被暂时冻结），或是那些在多个平台同时发布工作的人（因为工作频率和质量构成了评分算法的一部分）。

找工作花费的时间怎么办？司机们需要在街上转悠寻找下一位乘客，在单个任务间隙花费的时间，与自己为某个特定客户工作的时间几乎一样多，而且还没有收入。至少，只要针对拒绝工作进行的惩罚是合理的，这段时间就应该计入工作时间，以达到保障最低工资的目的。按需服务的服务方并非只有在真正工作的时候，才会增加平台的经济利益，恰恰是大量可用劳动力，在支撑着平台的商业模式。[38]

在《阿斯拉姆状告优步》(*Aslam v Uber*）中，具有文学修养的就业法官借用弥尔顿（Milton）的话，表达了他的观点：

> 对优步的业务而言，至关重要的是，在乘车需求产生后，拥有一批随叫随到的司机。该机构致力于提供出色的“乘车体验”，这取决于它是否能让司机尽可能快地接到乘客。为了满足需求，在任何时候，它都必须让一些司机运送乘客，让一些司机等待着这样的机会。在司机为优步提供的服务中，可用性是一个重要部分。如

果可以，我们不妨引用一句名言——只站着待命的人，也是在侍奉。[39]

因此，雇佣法可以解决按需服务的服务方面临的许多问题。对于陷入零工经济的个体服务方来说，雇员界定非常重要，但也并不是万能的灵药。即便认定平台是其劳动力的雇主，工作仍然是高度碎片化和不稳定的。正如我在与雷切尔·亨特（Rachel Hunter）之前合作发表的成果中指出的那样，基本的雇佣法标准将解决零工经济服务方面临的一些最糟糕的问题，但从长期来看，我们仍然需要解决深层劳动力市场问题，从收入低，到由于缺乏工作保障而造成的不可预测的变化。[40]

让天平回归平衡

灵活性和不安全感之间有什么区别？是议价能力的不平等。零工服务方是一个具有极大异质性的群体。灵活的工作，可以是从大律师每天带着客户的案件去往不同的法院，到零小时工作机构的服务方受雇打扫律师办公室。除了该领域的最高级别（以及某些小众领域，如学生寻找与自己课程相关的灵活工作），缺少未来前景的工作通常会引发高度的不安全感，甚至还会导致其地位更低，服务方因为害怕失去下一次工作的机会，就要习惯于服从雇主的每一次（算法的）突发奇想。越来越多的服务方面临这个问题，无论是通过数字平台被雇佣，还是依照“传统的”零小时合同进行劳动。

雇佣法可以解决这个问题，让天平回归平衡状态。然而，适用于所有服务方的只能是基本的劳动标准。它们在一个长期稳定的就业环境世界中发展而成，无法一直适合解决间歇性工作的问题。[41] 从长期来看，我们不仅需要重新划定雇佣法的范围，从而确保众包工作能兑现承诺，为个体服务方赋能；还需要考虑具体的标准，以解决零工经济中议价能力的不平等。

这并不是说，要摒弃以前被批判的主张，采取自成体系的新方法；相反，我建议，要集中改进现有标准，并明确结合上述标准，进行协作。欧盟的劳工法（Labour Law）为我们提供了一张蓝图：多年来，欧盟针对每个群体所面临的特定问题制定了相应标准，以此应对特定情况下（如雇主破产）服务方在劳动力市场中面临的问题，或是服务于那些受雇于新兴工作岗位的人（如临时代理人员，或是那些签订定期合同和兼职合同的人）。然而，由此产生的官方指令并不是为了取代国家法律，而是为了能为现有的国内规范补充额外的保障。

本着上述精神，政策制定者应该关注平台工作中的三个方面：按需服务时间的不可预测性；在分配工作和确定薪酬的过程中，评分算法引发的锁定效应；以及服务方很难形成代表其集体利益的组织。

按需服务经济的主要吸引力之一，是能够自由选择何时工作。然而在现实中，我们已经看到，随着平台将客户需求低谷期的风险直接转嫁到服务方身上，灵活性因此迅速变得片面化。其结果是安全感缺乏，而并非灵活性。曾在比尔·克林顿（Bill Clinton）执政期间担任劳工部长的罗伯特·里希（Robert Reich），如今是加州大学伯克利分校（University of California at Berkeley）的教授，他将其称为“共享零烂的经济”（share the scraps economy）：

> 按需服务的支持者强调其灵活性。服务方可以随心所欲地按照自己的时间安排进行工作，在自己的日程上填写停机时间。但是，若是有份高薪的固定工作，他们中有多少人会更开心呢？在一个工资中位数已停滞30年，而且几乎所有经济收益都已达到天花板的经济状态中，赚外快的机会似乎显得异常诱人。[42]

然而，这并不能带来大量机会。它只能说明，若非如此，大多数劳动者的待遇会多么糟糕。[43]

为了解决时间不可预测性问题，欧洲大陆的几个司法管辖区采用了一种办法，通过立法规定最低工时保障，即雇主必须以周或月为单位，承诺一定的工时数（并支付报酬）。这种做法的另一种变体是，服务方有权在一段时间后，要求设定固定的工时数。这是一个好的开始，但也有严重的缺陷。例如，被承诺的工时数会很低，要求日常固定时间的权利通常附带一个有限期的限制，只要在有效期开始前立即终止雇佣关系，就能逃避上述规定。

零工工作的峰时价格

在塑造雇主的激励政策（而不是创造回避的激励政策）方面，一种基于市场的机制可能会更有前景。就业标准必须既保证服务方的自由，也确保其能真正灵活地进行选择。为了实现这一目的，应该通过不同层级的最低工资制度，折算由未来工作的不可预测性造成的风险，并纳入薪酬中：不妨将其视作“零工工作的峰时价格”（surge price for gig work）。如果雇主不能预留出合理的时间，提前通知服务方进行轮班工作，那么雇主就有义务以普通定价为基础，按比例增加薪酬。

很早以前，澳大利亚就采用了这样的“临时附加工资”（Causal Loading）系统。[44] 政府的公平工作监察员（Fair Work Ombudsman）解释说：“临时雇员有权比做同样工作的全职或兼职雇员获得更高的时薪。”[45] 一条与零售行业临时附加工资有关的范本条例中规定：“临时雇员的时薪，不仅包括与全职雇员相同的数额部分，还需在此基础上额外增加25%。”[46]

根据澳大利亚的文献记载，引入临时附加工资曾引发过争论。有些人主张，临时附加工资的目的是“补偿临时工放弃的各种福利”，而其他人指出还有其他动机，如“有些服务方因为行业和工作的性质而无法‘养家糊口’，因此需要为其提供薪酬补贴”[47]“作为一种约束，以免雇员的标准概念受到挑战”。[48] 当然在现实中，这些原因有重合之处。事实上，在理想情况下，如果安排得当，那么鼓励灵活工作，不仅可以奖励那些愿意从事更高风险工作的雇员，而且还能引导雇主避免只在真正灵活的工作情况下设定时间保证。

“零工工作的峰时价格”也可以在经济理论中找到解释。兼职服务方得到的附带福利较少，需要就该损失获得相应补偿；鉴于他们的工作存在需求高峰期，他们每小时的工作效率也高于固定员工。[49] 因此，激励可以反映出灵活工作的一个优势，即为雇主节省成本，雇主可以将闲时需求的风险转移到服务方身上，并相应补偿服务方的不安全感。从长期来看，它还会激励雇主将服务方转移至稳定的就业关系中，因为固定劳动力能以更低廉的价格满足可预测的核心需求。[50]

当然，如果临时工作采用另一种（最低）工资制度，会给我们带来一些技术上的挑战：如何定义“临时工作”？在收入差距悬殊的世界里，服务方如何了解自己应有的权利？对那些从事同样工作但薪酬更少的固定服务方来说，难道不会不公平，甚至带有歧视性吗？然而，在更广义的雇佣法中，上述所有挑战都是可以解决的。

例如，可以将临时工作设定为“其他”类别，适用于无法保证每个月有固定工作的人，以确保覆盖面够大。至于多重薪酬标准，请记住，附加工资不仅仅适用于最低工资工作（尽管一开始对最低收入人群的影响可能最明显）。无论如何，许多国家已经采用了多重（最低）薪酬标准，如以年龄段为标准划分。雇主有法定义务在每张工资单上列出工作时间和基本工资标准，这也会让雇员们计算自己的收入是否合理。而且，就待遇平等而言，重要的是不要把收入当作工作的当下价格：一个人得到的稳定报酬，会给雇员一种稳定感，明白自己有能力支付下个月的账单。临时服务方没有这种稳定收入，那就有必要提高时薪标准。风险完全应该被折算计入薪酬中。[51]

与此同时，需要强调的是，必须慎重考虑，才能把差别工资标准应用于临时工作。经济学家一直在提醒我们，激励措施很重要，要使用正确的薪酬标准，防止雇主过度依赖临时工作，同时确保固定员工不会受到引诱，被（假装）重新调整为临时工。

更重要的是，差别工资标准绝不能成为买断服务方权利的手段。2012 年，英国政府尝试引入一种机制，让雇主用股票买断服务方的不合理解雇权。正如潘尼克勋爵（Lord Pannick）在此过程中指出的那样，之所以雇佣权利不能成为可交易的对象，恰恰是"因为雇员和雇主的议价能力不平等，这意味着契约自由原则不足以保护雇员"。[52] 撒切尔夫人（Margaret Thatcher）执政期间的就业部长金勋爵（Lord King）同意，所有这种商品化的做法的确容易被"一些非常可疑的雇主"利用。[53]

尤其是澳大利亚的经验，能展现出临时附加工资具有的风险性，可能成为一种将服务方权利"变现"的方式。批评者强调了以下风险：

> 临时附加工资的概念承认，基本权利是可以进行交易的……这反过来强化了将临时劳动力商品化的概念。附加工资本身不足以补偿所有损失。无论是否有经验，临时服务方都不可能被划分为更高级别。他们不太可能获得培训、事业或技能等方面的发展。[54]

如果灵活工作设定更高的薪酬标准，是为了实现基本目标，即重新平衡雇员和雇主之间的议价能力，那么它就需要被设计为一种补偿机制，以补偿灵活性带来的不安全感，而不是一种买断基本权利的机制。

最后，分级薪酬并不是唯一需要考虑的激励驱动机制。还有一种也许不那么明显，但从根本上看，依然是以激励为基础的，我们可以从波兰近期对最低工资法的修改中发现这种方法。自2016年起，几乎所有的工作都遵循相同的最低工资标准（或价格），不管其基本合同是雇佣关系合同，还是服务合同。[55] 这一举措旨在阻止雇主“滥用”独立合约，为不同法律主体间的公平竞争奠定了基础。

实际上，在这一背景下，要牢记的是，临时化的驱动力不仅包括差异化的薪酬，还包括通过税收和社会保障体系实现的财政激励。此时不适合深入探讨公共财政设计问题，但正如我与牛津大学同事艾比·亚当斯（Abi Adams）和朱迪斯·弗里德曼（Judith Freedman）教授所探讨的那样，任何只关注雇佣法的解决方案，都不会获得追捧，除非深层财政激励措施也处于同样的平衡状态。[56]

可移动的评价

当前的劳动力标准还有一个无法解决的问题，即算法评分能把服务方绑定在某些特定的平台上，若是只有评分高的服务方才能得到更好的工作和更高的薪酬，个人就只能为了丰富自己的众包工作经历而苦苦挣扎，最后被束缚在一家公司的生态系统中。可移动的评分系统能让服务方跟进投诉，通过谈判获得更好的条件，或者转移至另一个平台。欧盟的法律提供了一些有趣的建议，有助于设计此类系统。

在一篇发表于1988年的论文中，安德烈·施莱弗（Andrei Shleifer）和劳伦斯·萨默斯（Lawrence Summers）指出，恶意并购通过破坏现任管理层及其雇员之间的信任，从而侵占了他人的价值。换句话说，它让新股东占据了服务方在特定企业人力资本中的长期投资，而隐含的想法是，他们将在由此产生的经济收益中获得不错的份额。[57] 平台的评分机制让员工面临类似的危险，当平台的商业模式发生变化，或用户的账户被冻结时，精心积攒的分数可能在一夜之间变得毫无价值。由于担心服务方权益在公司并购过程中受损，欧盟在20世纪70年代引入立法，以便保护公司并购过程的服务方。雇佣条款和细则不得因企业变更而改变，服务方的既得权利要从一个雇主转移到下一个雇主。[58]

至于系统设计，2016年4月实行的《一般数据保护条例》（*General Data Protection Regulation*，简称GDPR）是个有建设性的起点。该立法中有一个保护需求方的关键要素，即所谓的数据可移动性：一个人有权以结构化的、常用的和机器可读的格式……接收与自己相关的个人数据，包括“有权不受管理者的阻碍，将个人数据传输给另一个管理者”。[59]可移动的评分系统可以按照类似方式运行，用标准化指标呈现工作经验、客户满意程度和工作质量，并用额外的单个任务评分展示特定任务技能，从开车到组装套装家具。不同的初创企业很快就会纷纷向服务方和平台提供“评分护照”及类似产品。

一旦评分成为每位个体服务方的私人财产，能够跨平台自由转移，按需服务经济中的工作将更加贴近平台做出的自决、独立和自由选择的承诺。当条款发生改变，或与某个平台关于更好待遇的谈判破裂时，众包工作者可以自由地转移至另一个供应商。由此产生的跨平台流动性有利于服务方本身，剑桥大学教授西蒙·迪金提供了大量证据，证明员工的竞争自由与创新和经济发展强相关。[60]

再次强调，重点要兼顾潜在的劣势和优势。例如，试想一名服务方尝试在一个新平台上从零开始：她有权决定放弃以前的评分吗？我们还需要建立一种机制，确保服务方能够摆脱自己以前认为不公平的评分，并用强有力的机制解决算法歧视问题，以免可移动的评分具有歧视性。最后重点强调的是，因为可移动的评分提高了服务方的跨平台议价能力，与之相应，跨越不同运营商的创业者式的自由，最终可能导致服务方获得独立外包商的身份。

集体行动

为了让天平重回平衡状态，需要发展能有效代表服务方的集体利益的组织。目前，工会组织很难在后勤上提供支持，在法律层面上也很复杂，零工经济工作的碎片化特点是工会组织者面临的严峻挑战。以前的定期轮班不复存在，以后，服务方群体将集合起来表达不满，他们所处的地理位置相近，利益一致，感觉是一个团结一致的员工群体。虽然伦敦的出租车司机可以聚集在遍布于城市街道中的著名小茶屋里，但共享出行司机却被迫躲在越来越少的露天停车场中，常常很难找到休息的地方，甚至很难上厕所。[61]

雇主和立法者都认识到，能明确传达服务方忧虑的声音是有价值的，所以大多数国家为工会组织者的工作提供资助，并保护他们免受雇主的报复。然而，按需服务经济的服务方却必须尝试用自己的时间和资源来组织同事，而且还很容易被其平台报复，冻结账户。[62] 即使能成功，按需服务的工会也可能违反反垄断法或竞争法：通常不允许真正的独立创业者聚集在一起，利用其主导地位制订价格标准和谈判条件。[63]

地方性的初步尝试——建立新的工会试图克服上述障碍，如英国独立服务方联盟（Independent Workers Union of Great Britain），积极参与组织零工经济服务方的活动中。[64] 鉴于零工经济的服务方极为依赖他们的智能手机和电脑，越来越多的组织活动通过互联网和通讯应用程序进行。结果有时与历史上的工会行动类似：以户户送为例，司机想要抗议保障性薪酬发生了根本性改变，会借助包括脸书、你好（WhatsApp）等社交媒体召集公司伦敦总部以外的同事，并组织抗议活动。

政治倡议运动也引发了地方性法律保护。在澳大利亚，新南威尔士州工会（Unions New South Wales）发起了一场联合运动，与零工经济平台“飞行任务”（Airtasker）达成了详细协议，建立包括高于最低工资水平，以及采用独立争议的解决机制。[65] 2015 年 12 月，美国西雅图市议会（Seattle City Council）一致同意颁布一项法令，赋予该市司机“在工作中的发言权，以及通过谈判改善其公司工作条件的权利”。[66] 议员迈克·奥布赖恩（Mike O’Brien）解释说：

> 我们从西雅图的司机那儿听说，他们的工资低于最低工资水平，优步这类公司对他们的担忧充耳不闻。之所以实行这项议案，是因为之前目睹了司机本身在争取养家糊口的工资时，拥有极少的权力。[67]

2016 年，《法国劳动法》（*Code du Travail*）也进行了类似修改，确保能保护与零工经济平台相关的基本集体劳动权。[68]

还有一些努力也为某些平台服务方面临的问题提供了巧妙的解决方案。莉莉·伊朗尼和塞克斯·西伯尔曼发现，MTurk 平台上的服务方很难对不诚实的客户和恶言相向的客户做出反馈，于是开发了反馈软件，可将其安装在服务方的浏览器中。这个插件叫作土耳其人之眼（TurkOpticon），亚马逊零工服务方可为需求提交者打分，从任务描述的准确性到付款的及时性，以此警告未来的用户远离不靠谱的客户。[69]

传统工会也应该做出更多努力，来对技术表示欢迎。以德国金属工业协会（IG Metall）为例，它一直密切参与创建“公平众包工作网”（FairCrowdWork），该网站让服务方从工作条件、薪酬水平和获取基本法律咨询的途径等方面对不同平台的进行比较和打分。[70] 未来，工会或服务方群体甚至可能建立自己的平台，或者制定国际认证标准，让零工经济运营商同意按照适当的就业标准设计其商业模式。[71]

尽管个别举措取得了成功，但有组织的劳动群体面临的所有问题依然着十分严峻。一旦按需服务经济中的工作被合理地界定为就业，服务方就能够自行组织起来，形成工会，与平台直接协商条款及细则，如有必要，它还可以通过强制协商和威胁罢工，来获得支持。

权利，还是灵活性

在申明就业保护时，我们需要说明最后一个观点：许多零工经济的服务方可能因为自己享受独立签约所带来的灵活性，所以并不真想拥有雇佣法赋予的权利。这种观点表明，雇佣法会明显伤害服务方的利益，因为它会让服务方倒退至霸道老板和朝九晚五的日子。

例如，为了回应就业法庭做出的支持伦敦优步司机的裁决，当时在优步担任该地区经理的乔·伯特伦表示：

> 在伦敦，有成千上万的人为优步开车，恰恰是因为他们想成为独立职业者，自己当自己的老板。绝大多数使用优步应用程序的司机，都想保持自由和灵活性，能够随心所欲地选择工作时间和地点。[72]

优步发起了一项针对司机的调查，证实了上述说法，其中 76% 的人表示，“灵活选择自己的工作时间，比假期工资和有保障的最低工资更重要”。[73] 与之类似，英国户户送平台的董事总经理丹·沃恩（Dan Warne）向下议院（House of Commons）问道，如果公司的快递司机：

> ……不是自由职业，我们就不能向其提供与我们同等程度的灵活性，甚至一周工作 30~40 小时。如果我们把他们转成员工，我们就不得不限制那种灵活性，我们知道他们的价值。如果我们把他们转成员工，那么我们就会受到限制，不能提供我们作为一家企业愿意提供的一些福利。[74]

英国特许人事发展协会近期进行的一项研究表明，这些所谓的矛盾影响着零工服务方对监管的态度。一方面，超过半数的受访者同意，“零工经济企业钻了监管不足的空子，来实现即时增长”，近三分之二的人认为，“政府应该监管零工经济，从而让所有该行业的工作者都有权获得基本的权利和福利”。[75] 另一方面，只有 50% 的人同意，“零工经济中的工作者决定牺牲工作保障和服务方的福利，以换取更大的灵活性和独立性”。[76]

世界各地的研究也得出了类似的结论。正如英国特许人事发展协会的报告指出的那样：

> 这种独立性和安全感之间的矛盾，在佩恩·肖恩·伯兰（Penn Schoen Berland）于 2016 年 1 月发表的针对美国 3000 名服务方的大规模调查结果中，也非常明显。这表明，是偏好为传统公司工作带来的安全感及福利（41%），还是按需服务经济的独立性 / 灵活性（43%），美国零工经济的服务方在这个问题上存在着分歧。[77]

然而，断定雇佣法会以某种方式导致不灵活的僵化工作，就大错特错了。轮班模式和可预测的工作时间很可能存在着一个商业上的合理性，但是从法律上看，没有任何东西可以阻止雇主给予服务方全部的就业权利和无限制的灵活性，从灵活的轮班安排，到无法测量的工作时间。任何主张就业权利与灵活性在本质上不相容的说法，都是神话，而且是有害的神话。

职责修复

瓦内萨·卡茨（Vanessa Katz）认为，共享平台“往往在灰色地带中运作，以这些服务为中心的监管真空区域引发了复杂的法律问题”。[78] 就交通运输或地方区域划分等传统的监管领域而言，这可能没错，但涉及雇佣法的问题时，相关事宜比我们想象的要更清晰。

本章得出的观点对于理解共享经济至关重要：无论各个平台使用什么样的标签，都是处于零工经济中的工作，法律必须这样认定。一旦我们准备好，看透了平台试图通过合同将其员工错误地划分为独立创业者，按照行使传统雇主职能的方式来分配责任，那就可以解决按需服务经济工作中产生的许多最为紧迫的问题。不同平台的商业模式天然具有不平等的议价能力，可能需要有针对性的干预，但重点是要谨慎行事，留心意想不到的后果，并设计新的机制，从而补充现有的规范。

恢复雇佣法的职能，会给服务方带来巨大的福利，也是确保零工经济长期可持续发展的关键。需求方、纳税人，甚至平台本身，都终将从人人遵守规则的市场中获益。

第 6 章　营造公平环境

迄今为止，我们关注的焦点一直都是工作：我们讨论了按需服务人群在零工经济商业模式中所处的中心地位，分析了有关创业者和创新的矛盾，并制订了恢复零工服务方就业权利的解决方案。在本章中，我们暂时搁置工作人群，先讨论这个事项：按需服务经济对需求方和市场产生了什么影响？

你可能会认为，自己不太可能花很多时间为优步开车，为任务兔打扫卫生，或者在 MTurk 平台上完成“人类智能任务”，来赚取额外收入，甚至使用它们的服务。然而，越来越多的证据表明，我们既是需求方，也是纳税人，可能都需要承担按需服务的实际成本。这并不意味着我们应该禁止这些平台：零工经济有很大潜力，让所有人都过得更好。为了实现这一目标，我们需要矫正结构失衡，创造一个公平的环境，雇佣法是其基础。

现在消费……稍后付款

2013 年 1 月，《纽约客》的特约撰稿人帕特里夏·马克思（Patricia Marx）受够了组织读书俱乐部会议的种种麻烦。她决定把这些活儿外包到多个按需服务平台，从买花和烤小蛋糕，到实际阅读这本书并准备讨论要点，这些平台之所以引起了她的关注，是因为它们承诺速度快、价格低、工作卓越。

她甚至花了98美元，委托别人撰写了以下内容，用它在自己的稿件中解释外包的历史：

> 然而，名副其实的外包是伴随着互联网的出现就诞生了。就像所有强大的、可以处理多个任务的经典好莱坞英雄超人（Superman）和希曼（He-man）一样，互联网作为无所不在、无所不知的工具，其用户既有权贵也有平民，从20世纪90年代末至今，催生了一个无缝外包的时代。[1]

我不太确定自己是否理解这一段，这就是重点所在：作为需求方，我们在按需服务经济中所获得的产品或服务可能远不及承诺的那样好。低廉的价格及实现它的劳动条件，是有代价的。此外，实时议价到头来可能并不像承诺的那样诱人，当事情出问题时，平台常常会像对待服务方那样对待客户，还会拒绝介入争议，拒绝承担责任。

揭开议价之谜

按需服务做出的承诺非常明确：卓越的产品及服务，按照低于市场的价格交付给您。然而审视后发现，这种交易很快就会土崩瓦解，因为零工服务的质量和向需求方收取的实际价格成了明显的问题。[2]

帕特里夏·马克思将自己的研究进行外包，绝非个案。媒体报道和网络论坛充斥着大量对多数平台服务质量的担忧，即便有些抱怨可能会被忽视，会被当作被宠坏的孩子的问题（“薯条通常都有点凉”），[3] 但整个基调很明确：尽管平台严格控制着产品的所有要素，但共享经济的服务质量要远远低于预期。

以 MTurk 平台为例，质量低下的问卷反馈使其研究人员的工作举步维艰。如此一来，越来越多的问卷涉及了特定的质量控制问题，例如要求参与者“为了表明您注意力集中，请选择下面的第三个选项”，即便该选项可能并没有什么意义。卡内基梅隆大学（Carnegie Mellon University）的研究人员开展了一项更为复杂的质量分析，结果表明，近 40% 的受访者没有认真回答问卷。对于经验丰富的 MTurk 平台的作弊者来说，上述结果并不意外：

> 没错，你只要付 1 美元，工作就会被完成，但它将由作弊者使用“外挂”（自动答题系统）去完成，这些人不一定理解相关要求（因为英语不是他们的强项），或者不关心自己完成的工作质量。[4]

问题并不局限于对产品质量的质疑。有时，需求方面临着更严重的问题。据报道，共享出行的乘客因其性取向而遭到粗暴对待。美国的研究表明，听起来像非裔美国人的名字在交通平台上会受到歧视。在澳大利亚，前身心障碍歧视委员会委员（Disability Discrimination Commissioner）格雷姆·英尼斯（Graeme Innes）带着导盲犬出现时，发现自己的出行订单被取消了，而且还被收取了取消订单而产生的罚款。在美国，当国家盲人联合会（National Federation of the Blind）起诉优步对盲人乘客及其导盲犬存在非法歧视时，该平台将责任推给司机，并迅速和解，虽支付了将近 25 万美元的索赔款，但否认承担任何责任。[5]

尤其是打车服务，还可能让客户面临人身危险。出租车、豪华轿车与辅助客运协会（The Taxicab，Limousine & Paratransit Association，简称 TLPA）是一个美国出租车行业游说团体，其网站列出了一长串被指控的共享出行案件，包括“死亡、袭击、性侵、绑架、重罪、冒名顶替、酒驾及其他”，[6] 该组织反复批评平台的审批手续（有时让乘客支付额外的车费）存在着严重的漏洞。

按需服务的真实费用

即便绝大多数需求方与按需服务平台的互动最后没有发生重大意外，还有一些人认为值得用偶尔出现的客户服务问题换取更低的价格，但他们也可能得不到自己想要得到的东西。平台自觉将自身风格设定为“可以买得起的选择”，但最终很可能是假的。

最初，有些平台展示了一个较低的“估价”，希望客户在完全自动化支付的过程中，不会注意到任何后续费用以及价格上涨。快递服务平台“快递美”因为这种策略一再受到批评，有些发票的价格明显高于原始数额。[7] 不仅如此，价格还会继续上涨。在第 1 章中，我们看到了平台如何频繁地使用礼券、折扣和其他亏损定价策略来获得市场份额。这不是一种可持续性策略，而且一旦某个平台垄断了该行业的大部分市场，这种策略也是无济于事的。

另一种常见的策略是，使用浮动计费方式，如优步的峰时定价模型。2014 年年末，有人在悉尼市中心持枪劫持了 18 名人质，所有希望用优步汽车逃离该地区的人，最初都在应用程序中收到了一条信息，即“需求已爆表！”，并被收取了最低 100 澳元的安全乘车费用。在不那么极端的情况下，算法旨在用更高的价格来应对需求增加的情况，会让按需服务的成本大大超过广告的价格。不仅如此，你甚至可能不会被告知：优步最近已开始尝试“预付”收费制，而不是增加附加费，一旦媒体的关注热度降下来，之前削减的车费部分就会悄无声息地涨上来。更令人担忧的是，当时担任优步经济研究部门负责人的陈基思（Keith Chen）在接受美国国家公共电台（NPR）采访时透露，该公司可以监控用户手机电池的电量，而那些电量低的用户更愿意接受飙升的定价。[8]

即便需求方与按需服务平台互动了很久，价格也可能会上涨。例如根据任务兔的条款和细则：

> 根据所有就业相关的法律提出的源于第三方索赔或与其相关的第三方索赔，如与就业终止、就业歧视、骚扰或报复有关的法律，以及任何加班费、病假、假日或假

期工资、退休福利、服务方补偿福利、失业福利或任何其他雇员福利的索赔，每位客户同意赔偿任务兔及其附属公司，承担任何及所有索赔、责任以及合理费用。[9]

换句话说，如果最终证明众包服务方确实是员工，我们会回来找你，跟你收取你要负担的份额，来缴纳我们的罚款，还有我们的律师费用！无论从法律上看，还是从随之而来的公共关系影响看，这些条款是否能够真的应用在实践中，令人怀疑。然而，深层信息是一清二楚的，按需服务的价格可能比预想的要贵。

平台责任

如果一个客户，甚至是一个无辜的旁观者，出了问题，那么平台通常会拒绝承担所有正常企业应承担的责任。2014 年 1 月发生了可能堪称迄今为止最悲惨的按需服务经济事故，4 岁的索菲亚·刘（Sofia Liu）被旧金山的优步司机碾压致死。在回应她父母提起的疏忽导致死亡的诉讼时，优步指出，司机处于两次行程之间，而且公司只是一个网络平台，仅仅“允许乘客与广大的独立交通运输供应商取得联系，并提出运输服务需求”。[10] 在一场媒体风暴之后，优步最终做出让步，通过支付未公开的补偿金取得了和解，但不能保证未来的受害者也会得到类似赔偿。

平台甚至会拒绝确认是它的哪位服务方引发了事故。当理查德·沃克斯（Richard Vaux）在伦敦被一名户户送的自行车骑手撞倒时，两只手腕都受了伤，“公司拒绝承担责任，因为它的骑手是自由职业者，户户送不会为了让伤者进行保险索赔，而公布骑手的细节”。[11] 当《星期日泰晤士报》要求户户送对此事发表评论时，户户送坚称，平台“为保证安全做了大量工作。所有外卖员都经过筛选和培训。由于数据保护法律，我们无法透露个体外卖员的身份信息”。[12]

保险能成为解决方案吗？为了应对公众对安全及责任日益增长的担心，越来越多的平台如今为单个任务提供保障套餐，或者要求服务方自己购买责任保险。然而在现实中，一旦出问题，这些担保可能毫无实际意义：许多保险政策不适用于商业用途；地方的法规和要求存在着很大差别；一个事件涉及多个当事方，极难确定谁是责任人。[13]

需求方可能从零工经济中受益，还有可能需要付出比承诺高得多的代价。莱恩·卡罗（Ryan Calo）和亚历克斯·罗森布拉特曾强调过操纵数字化市场引发的风险：“共享经济公司在应用程序的协助下，详细观察了所有参与者的活动，它们既有从事复杂的自我交易技术的方法，也有动机。[14] 它们依靠优步商业模式中的几个方面，特别是峰时定价，来表明平台会利用其信息优势去损害乘客和司机的利益：“获取信息，再加上对设计的控制，让共享经济公司能操纵它们的用户，如我们的研究对象优步。”[15]

税务问题

那么，对需求方和服务方来说，按需服务交易会很快崩溃：用户最终付出的代价可能会高得多，但却只获得比承诺质量更差的服务。其他人是什么情况？如果你从来没有通过应用程序或平台工作过，没有享受过它的服务，还有什么值得担心的吗？有的，我们每个人都有可能以某种方式陷入圈套。零工经济的商业模式会给税收带来巨大损失，那么这个亏空可能由我们纳税人来填补，并以多种方式补贴该行业。

大多数跨国企业都在开展各种各样的“税收增效”计划，将其收入转移到低税率管辖区。在这方面，零工经济的做法也没有什么新鲜或不同。然而，至少传统企业无论在何地运营，都无法避免基本的地方税收，而零工经济则可以，而且更糟糕的是，许多平台的商业模式开辟了数个避税通道。

迄今为止，针对零工经济税收的最全面的研究聚焦美国地区，其核心结论与其他司法管辖区的经验相符，而且很容易理解。魏淑仪（Shu-Yi Oei）教授和凌戴安（Diane Ring）教授认为，“将实质性的和理论性的税法应用于共享，通常（虽然不完全）是显而易见的，而且不算特别新鲜”。[16] 该主张与我们在第 5 章里有关雇佣法的结论完全一致。然而更重要的是，她们继续指出，零工经济业务模式呈现出两个固有的遵守和执行问题。一是平台“已经显示出了利用‘税收机会主义’的倾向（和独特能力）”。[17] 也就是说，它们依靠所谓的新型商业模式，利用现有规则中的所有含混内容，期待尽量减少税收。二是大量个体服务方（或“小微企业”）分享着零工经济的收入，这意味着金额低，风险大，“会挑战纳税人遵纪守法的意愿，让税务官员难以执行”。[18]

增值税的大问题

对上述第一个问题来说，平台是否遵守增值税或销售税是个很好的例子，大多数司法管辖区都对商品及服务征收此类费用。以英国为例，交通运输服务缴纳的标准增值税税率一般为 20%。一旦一家企业的营业额超过了起征点（2017 年 4 月 1 日，数额为 85000 英镑），它就需要在税务机构登记，向其客户多收取 20% 的税款，并按季度将这笔钱支付给英国财政部（Exchequer）。[19]

然而，尽管该公司的营业额超过了增值税起征点，但英国的优步乘客一般不支付该税款。平台的主张在意料之中：作为一个纯粹的中介，它不提供交通运输服务。“如果司机的收入高于增值税起征点，”优步告诉《卫报》，“那么应该由他们自己来承担纳税义务。”[20] 换句话说，平台仅仅是服务方和客户之间的中介，如果出现了税务麻烦，那应该直接向每个服务方进行追索。

伦敦资深税务大律师、活动家兼御用大律师乔里昂·毛汉（Jolyon Maugham QC）质疑上述说法。他认为，是优步，而非其司机，引发了“应税服务”的问题，公司因此应该负责缴纳增值税。2017 年春，他乘坐优步拜访一位客户，要求优步开具一张增值税发票，但最后却不了了之。[21] 在笔者撰写本书时，毛汉已经向英国高等法院（UK High Court）提起法律诉讼，其影响可能是深远的：如果优步被要求提供发票，会因此产生巨额税款。根据毛汉自己的计算，仅在伦敦，优步应缴纳的税款就会高达 2000 万英镑，而且这还只是一年的数额。再加上监管机构很有可能追讨优步前几年所欠的税款，其他国家的税务部门将很快效仿，所以所涉金额让人望而生畏。[22]

缴纳就业税和社会保险

与就业相关的收款和收入甚至会突然出现增长。我们已经讨论过，平台试图指出，现有的规则已经过时，不能全面涵盖其商业模式。税务专家魏淑仪和凌戴安对此表示反对："即便在这里，税收规则也不是万能的。含混之处在于，现有体制是否适用于共享的问题。"[23] 大多数平台采用的经营模式导致了重大的税收损失，既有未付税款带来的直接损失，也有纳税人为平台服务方提供补贴而产生的间接损失。

导致直接税收损失的原因在于零工经济坚持认为其服务方是自由职业者。这从两个方面损害了计税基数：一是平台免缴工资税；二是限制了最便宜和最有效的个人征税方式。虽然不同的司法管辖区对工资税进行了严格规定，但基本原则适用于大多数工业最发达的国家：当雇主向其工作人员支付薪酬时，向国家直接缴纳额外的税款，并且必须扣除（"扣缴"）一定比例的所得税和与就业有关的保险。零工经济平台只把自己视作独立外包商的中介，它们认为自己不应承担上述任何责任。

这导致了直接的税收损失：平台雇佣独立外包商，不承担其他公司缴纳的任何工资税。在许多国家，由于各国政府历来试图通过降低自由职业者缴纳的社会保险来鼓励创业，导致损失进一步加剧。零工经济中的工作因此能以极为低廉的价格完成，所涉及的金额也很庞大：根据英国财政大臣菲利普·哈蒙德（Philip Hammond）在 2017 年做的预算，自由职业者单独支付的国民保险变少，预计（英国）公共财政每年将损失 50 亿英镑。[24]

平台坚持认为，服务方以独立外包商的形式运作，但税务主管部门对此产生了越来越多的质疑。社会保障管理机构家庭补助金征收联合会在 2012—2013 年，提起了一起近 500 万欧元的税款追缴诉讼。该案件在一审中被驳回，主要是因为程序原因；诉讼仍在继续。[25] 其他国家也在效仿：2016 年秋，英国就业法庭根据雇佣法裁定优步司机是服务方，继而要求英国税务海关总署（Her Majesty's Revenue and Customs，简称 HMRC）仔细审查该公司缴纳国家保险的情况。[26]

税务管理部门不仅损失了雇主收入中的相应份额，将缴税责任转嫁给个体承包商，还使征收过程变得烦琐且零碎。在美国，独立外包商必须在美国国税局（Internal Revenue Service，简称 IRS）的 1099 表格上填写自己的收入（因此，“1099 经济”这个名字，有时会成为零工经济的同义词）。虽然技术细节混乱到让人迷惑的程度，[27] 但结果显而易见：零工经济服务方正在艰难地遵守法律，每个人能得到的收益如此之少，以至于几乎都不值得为执法行动付出努力。

其结果是，这为个体服务方带来了高额成本，给各州造成了税收损失。美利坚大学税收政策中心（American University's Tax Policy Center）的卡罗琳·布鲁克纳（Caroline Bruckner）发布的研究报告指出，据国税局估计，有 1940 亿美元的税收缺口"源于误报个人商业收入及相关自由职业税款"。[28] 当然，这并不全是因为按需服务经济，但作为一种日益增长的商业模式，我们不应该低估它的重要性。那就难怪美国参议员伊丽莎白·沃伦（Elizabeth Warren）在讨论"促进服务方在现代经济中的基本交易"时，将零工经济税收列入三大优先事项中，声称"电子化、自动化及强制性扣缴工资税必须适用于所有人，包括零工服务方、使用 1099 表的服务方和小时工"。[29] 从技术角度看，几乎没有比它更容易实行的解决方案了。事实上，在爱沙尼亚，优步已经开始与地方税务机关合作了。[30]

除了这些直接损失外，纳税人还在以间接方式补贴零工平台。传统雇主即便在业务不活跃时，也对其雇员负有一些法律义务。除了支付雇员的工资外，公司通常还必须提供若干福利，如带薪病假或产假。在零工经济中，这些成本是由服务方自己负责的，实际上，这往往意味着他们不得不求助于国家福利。与每次为一个人投保相比，为一批服务方投保，效率要更高，因此成本要更低，这使得与雇主提供的保险套餐相比，他们更有可能负担得起私人医疗保险。那就难怪，在最支持奥巴马总统的健康医疗计划的美国人中，有一部分来自硅谷的零工经济平台，如优步、来福车、帮帮忙、任务兔等，还有各个与美国政府一起合作招募服务方的平台。[31]

这些间接的补贴并不限于失业期。在某些司法管辖区，即使某人有全职工作，纳税人最终也会通过社会保障制度补贴零工经济平台。例如，英国议会的工作及养老金委员会（Work and Pensions Committee）在近期开展的一项调查中被告知，一些优步司机在长时间工作后，若是不借助住房保障等福利，所挣到的收入根本无法支撑自己在伦敦生存下去。[32]

公平环境的营造

就像在第 1 章中讨论的那样，当我们从需求方、服务方和纳税人的角度出发，将这些问题与许多平台商业模式背后的可疑经济学联系起来时，就不难理解为什么有些人主张应该禁掉平台。然而，如果这样做了，我们会发现我们可能会破坏所有的福利和创新，而且至少会让一些需求方和服务方的境况变得更差。

一旦摆脱技术例外论和卢德主义观，我们就会惊讶地发现，在禁止零工经济和赋予它无限自由这两种极端做法之间，有一条简单直接的中庸之路。监管者应该聚焦行业的关键要素，即工作，并对其进行监管。通过把零工服务方当作雇员，将（大多数）平台当作雇主，我们既能倒掉洗澡水，还能拯救婴儿。

雇佣法承诺要改善服务方在零工经济中的命运，但结果却不一定止步于此。一旦零工经济的服务方被当作雇员，平台被当作雇主，那么需求方、税务机构和整个市场所面临的许多问题就能很快得到解决。[33]

需求方保护

首先要讨论的话题是需求方。我们发现，按需服务经济有时候会提供不合格的服务，并在有些（幸运的是，在相对少见的）情况下，需求方，甚至旁观者，会受到直接伤害：想想由骑自行车的快递员或共享出行汽车造成的事故。在上述情况下，绝大多数平台的反应是拒绝承担责任，它们表示，自己本身只是中介，能（或应该）做的事情不多。

平台通过合同否认了自己的雇主身份，也就摆脱了“替代责任”（Vicarious Liability），替代责任是一个法律术语，要求雇主对其雇员犯下的错误负责。[34] 规则的具体细节因辖区而异，但独立外包商的身份几乎一直是最容易逃避责任的方式。这通常会使受伤害的需求方或旁观者失去重要的追索补偿，因为不可能每个按需服务方都有充足的资金或保险，来解决索赔或支付损害赔偿。同时，雇主要对其雇员在工作过程中的行为负责：如果你被伦敦的公共汽车撞伤，在大多数情况下，最好的做法是直接去找运营公司。一旦平台被纳入雇佣法的范围，零工经济客户将享受同样的保护。

除了给需求方带来这样的直接福利，雇佣法还通过提高整体服务质量来提供一系列间接福利。不妨以工作时间和最低工资保护为例。一个是独立外包商，花了一天中的大部分时间在路上奔波，决定再工作几个小时来支付自己的成本，另一个是享受了一系列法定休息时间，并知道自己受到最低工资保护的司机，两者相比，前者的反应明显没有那么敏捷。

纳税

在税收制度下，将平台视作雇主会带来更明显的好处：通过直接追究中介的责任，我们几乎可以解决发现的所有问题。首先，在增值税方面，不能继续主张是个体服务方，而非平台，向需求方出售某种服务，要让按需服务经济与其他企业保持一致。[35] 其次，税务主管部门会看到，与就业相关的收入大幅度增加，无论是通过征收就业收入税的形式，还是通过平台直接缴纳的社会保障金。

集中收取税金的机制也会带来许多间接福利。每位服务方都有责任缴纳所得税，由于成倍的文档处理工作以及执行方面的困难，我们看到损失在日益累积。这就是过去的税法为什么会把雇员所得税的征收权下放给雇主，雇主只要从源头上扣留相关百分比，并将其转给主管部门。在一个雇佣服务方的世界中，征收零工经济税更加容易，成本也会便宜得多。考虑到按需服务经济中可用的详细数据流，将平台视为雇主会成为一种很有希望的方式，让大多数非正式经济或“只用现金”的行业，重新获得正式的合法性。

作为一项最终福利，零工经济服务方获得雇员身份，会进一步大幅度减少国家对该行业的间接补贴，减少那些不得不利用福利来补贴不可预测的低收入个体服务方的数量。一旦平台成为雇主，它们就必须向所有服务方支付最低工资，并遵守带薪病假、节假日或产假等最低标准，从而减少服务方对公共资金的依赖。

重新审视商业模式

然而，最重要的后果也许是，根本改变零工经济的商业模式本身。在第 1 章中，我们遇到了一系列对该行业经济学的矛盾解释。有些人主张，平台用更快的速度匹配了需求方的需求和服务方的供给，以此来创造价值，还用更智能的算法和复杂的评分系统把握住了原本被浪费掉的商机。还有一种更具批判性的观点，认为大多数平台估值的核心在于监管套利和负面的外部效应。

在更深层面上，我们已经发现的问题——对服务方、需求方、纳税人和市场而言——都是由一个单一的、密切相关的问题驱动的。平台仅仅自称为中介，而不是强大的服务供应商和数字化工作中介，由此将自己的大部分商业风险及成本转嫁给它们的利益相关者。监管套利、外部效应和资产配置不当，共同扭曲了竞争环境，这只对平台有利，却将成本强加给其他人。

在营造公平环境方面，雇佣法具有独特的潜力。如果想让平台承担其运营成本，我们必须确保它们像传统企业一样遵守规则。鉴于庞大的按需服务劳动力在零工商业模式中的核心地位，雇佣法可以发挥关键的作用——它是“引导和重新分配社会经济风险的主要工具，其办法是雇主必须承担税收义务和收入中断补偿”。[36]

剑桥教授西蒙·迪金和弗兰克·威尔金森将其称作雇佣法的“风险功能”：雇主对其服务方进行控制，作为代价，就要承担经济不安全的相应风险及成本，从而让具备更好资源的一方履行义务。[37] 换句话说，在一个合理监管的劳动力市场中，平台对服务交付的各个方面都实施了高度控制，它应承担雇主的责任，从而确保零工经济的运营商不仅从经济活动中获益，而且还不得不“承担就业关系产生的社会经济风险”。[38]

由此可见，雇佣法的重要性不仅仅限于规范服务方与其雇主之间的直接关系。法兰西学院（Collège de France）的阿兰·苏皮奥（Alain Supiot）教授解释说：

> 在福利国家的模式下，工作关系会成为经济依附和社会保护之间的相互权衡。虽然雇员免不了受到另一个人的权力支配，但可以理解的是，社会参与的基本条件也会相应获得保障。[39]

迪金和威尔金森甚至进一步将国家描述为就业关系中的“隐含第三方”。[40] 个体服务方鲜少在对冲经济风险中占据好位置：投资者将筹码投注到各种各样的领域，将资金分散到不同资产上，从而能轻而易举地把面对风险的可能性降至最低。用工作的方式，则很难做到这一点。服务方无法凭借多样化的工作经验保护自己，因为他们的全部人力资本份额往往集中在一个单一的雇主身上。[41] 雇佣法进一步填补了这一漏洞，“通过社会保险制度，分散整个劳动力中的经济不安全风险，并用社会保险金和所得税来支持公共福利服务供给”。[42]

在这一点上，有些人可能会反对雇佣法过于复杂的（风险）再分配机制，认为如果让平台自由运作，然后对其利润征税，为服务方提供国家福利，难道不是更容易吗？从这个角度看，平台仍将被迫承担其商业活动的成本，但可以继续使用独立外包商的分类方式。然而即便我们忽略了这个方法带来的实际问题（别忘了上文提到过的征税困难），雇佣法到头来似乎是最有效的方法，可以确保雇主吸收内化其商业活动成本。

哈佛大学的拉里·萨默斯（Larry Summers）是最早讨论该问题的人之一，他权衡了政府的直接供给（税收和再分配）和法定的雇主福利。他的结论是让雇主承担保护服务方的责任，从社会保障到不合理的解雇法，这样的做法产生了“实际的成效，能以政府税收以外的方式实现社会目标”。[43] 他指出，让企业承担这些负担，不仅是消除外部效应的最佳方法，而且还为服务方提供了更多的选择，还“可能极大减少不正常的经济活动现象”。[44]

这种对就业的关注，不应被当作以下这种主张，即在调节按需服务经济方面，其他领域，特别是需求方法和税法，没有发挥重要的辅助作用。例如，卡罗和罗森布拉特认为，消费者保护法中一直重视解决“权利和信息不对称”问题，可能非常适合应对零工经济中需求方和服务方面临的许多挑战，[45] 而魏淑仪和凌戴安已经搭建了颇具前景的短期及长期税收执法模型。[46] 不仅如此，雇佣法的职能并非不要阻止投资者进行他们认为合适的投资：在平等竞争中，每个企业承担各自的成本，还会保证金融市场不会让真正有生产力和创新性的创业者流失资产。然而，第一个根本步骤是必须要认识到，只要平台出售工作，它们就应该被视作雇主。

可持续发展的平台经济

最后一个反对意见应该在结论部分得到解决：谁将为这种再平衡买单？答案是平台背后的投资者和股东，他们在现有监管套利的基础上进行设计和估值。毫无疑问，恢复平台的责任会在短期内造成破坏，平台雇主将不得不面对其活动的全部成本，从设备和消耗品到工资和保险费。某些服务的价格会上涨，一些商业模式最终会全部停滞。

从某种程度上看，逃避基本劳动标准一直是许多平台商业模式的关键，遵守规定将影响其盈利能力，进而影响估值。有机会获得数十亿美元的承诺吸引着投资者，但他们可能会看着自己的股票暴跌。也就是说，合理就业分类的负面后果往往被故意地夸大。以美国的“家政乐”为例，该平台于 2015 年停止运营，据说是因为对服务方错误分类被起诉，根据《1938 年美国公平劳动标准法案》输掉了诉讼。米里亚姆·切里教授质疑了此说法：

> 家政乐的说辞之所以失败，是因为其服务方诉讼理由是，家政乐未能确立最低工资和加班费保护。虽然劳工动乱肯定对业务造成了不利影响，但并不能确定支付服务方最低工资是家政乐申请破产的原因。事实上，早在公司的法律纠纷发生之前，家政乐的商业模式就陷入了财务困境……因此，仅从这一个孤立的例子得出结论，说支付服务方最低工资会立即导致按需服务经济的破产，这是夸大事实。[47]

有些运营商强烈反对上述结论，指出其服务带来了许多积极外部效应。例如，优步一再强调，其服务大大减少了因酒驾被逮捕的人数。[48] 然而，这些说法存在着极大争议。诺力·布拉西（Noli Brazil）教授和大卫·柯克（David Kirk）教授在仔细研究该平台的酒驾投诉后发现，“在特定的城区部署优步服务，与随后的交通死亡人数没有任何联系，无论是以总量来衡量，还是根据酒驾致死的具体数字，抑或是以周末及节假日的死亡人数计算”。[49]

正如富兰克林·D. 罗斯福总统（President Franklin D. Roosevelt）曾指出的那样，似乎“很明显，任何依靠向服务方支付低于生活工资来维持的企业，都没有继续经营的权利”。[50] 尽管有许多观点相反的欺人之谈，但在零工经济中适用和执行雇佣法，并不是一个凭借强制执行繁缛规则来阻碍创新的问题。

只有在平等适用和持续执行现有雇佣法的情况下，企业才能在公平环境中竞争。否则，一旦平台不得不承担起服务的真实成本，业务维持不下去的平台就会破产。从长期来看，这将惠及他人，因为资源被重新分配给了更高效的企业。无良运营商的灭亡，为新的初创企业提供了空间和需求方，这就是约瑟夫·熊彼特（Joseph Schumpeter）说的创造性破坏在起作用。

零工经济工作被纳入雇佣法的范围，最终将有利于各方：服务方、需求方、纳税人，甚至整个市场。就业分类消除了不良运营商进行监管套利的机会，还迫使平台在匹配和产品质量上展开真正的竞争。这是保障经济社会拥有公平竞争环境的关键："雇佣法保护的观点，归根结底是一种支持整合机制的论点……促使市场经济和社会国家有可能共存。"[51]

我们若是想让零工经济为所有人服务，关键要确保雇佣法得到充分适用。这一分析并非是在建议我们应该关闭平台；改善匹配及其相关算法，就一定可以为我们的经济增值，创造就业机会，并使我们所有人都能获得更好的产品及服务。然而，为了让这个行业的运营能造福所有人，我们需要确保平台再也无法围绕现有规则套利，而且平台还要必须承担其运营成本。雇佣法是让所有服务方享有平等条件的关键，也是让新老企业平等竞争的关键。

尾　声

在20世纪30年代的经济大萧条时期，剑桥大学经济学家约翰·梅纳德·凯恩斯（John Maynard Keynes）写了一篇名为《我们孙辈后代的经济前景》（*Economic Possibilities for our Grandchildren*）的讲稿。他从别人认为停滞和衰退的那些领域中，预测到繁荣和发展。制造业和运输行业的技术出现了前所未有的改进，这是上述愿景的关键。从长期来看，由此产生的生产力提升将给所有人的生活水平带来多方改善。然而在短期内，“这些变化的速度飞快，不仅伤害了我们，还带来了亟待解决的困难和问题”[1]：

> 我们正遭受这种新型疾病的折磨，有些读者可能还没有听说过它的名字，但在接下来的几年中，他们会频繁听到它，那就是技术性失业（Technological Unemployment）。它意味着，由于我们发现了有效使用劳动力的手段，其发展速度超过了我们能找到的使用劳动力的新场景，因此会造成失业。[2]

过去的一百年中也出现过类似的恐惧。例如，肯尼迪总统（President Kennedy）认为，维持充分就业是“美国国内在20世纪60年代真正面临的主要挑战……当然，那时候的人们正在被自动化取代”。[3]

然而，凯恩斯的愿景是“三小时轮班制或一周工作十五小时”，这与现实差距太远。[4]问题出在哪里？为什么我们还在工作？当今的经济学家们提出了一些主要因素，其中包括收入或资本化效应。技术使我们的生产力变得更高，价格降低，实际收入提升。随着我们的生活越来越好，我们对更多产品和服务的渴望，在新兴行业中创造了新的就业机会：不妨想想那些接受了再次培训，从而成为计算机工程师的“矿工”们。

在过去的几年中，技术性失业的幽灵依然在我们周围盘旋：无论是人工智能的兴起，还是自动驾驶汽车的出现，而且据说机器人又再次来抢我们的工作了。这对零工经济意味着什么？既然眼下的真正挑战是完全没有工作，那政策制定者为什么还要担心共享出行司机们当前的工作条件呢？如果有工作，那么将昂贵的就业保护义务强加给平台，是否就不会增加平台进行自动化的动力了呢？

不完全是。新技术快速涌现，监管者会面临一大堆棘手的问题，但这绝不能分散我们处理手头问题的注意力。就未来的工作而言，当下的挑战并非是机器人的崛起，而是认识到零工经济只不过是冰山一角，更重要的是不安全、不稳定的工作。

自动化是工作的终结吗

自动化对劳动力市场的影响不容小觑：技术不断地重塑

着工作场所。然而与此同时，它不可能导致工作的终结，至少对那些在零工经济中辛苦劳作的人来说是这样。事实上，自动化会进一步刺激平台增长，因为越来越多的复杂工作可被分解为独立的微型任务，等待外包给众人。

机器人的崛起

在2013年发表的一篇针对美国劳动力市场的论文中，我在牛津大学的同事卡尔·弗雷（Carl Frey）和迈克尔·奥斯本（Michael Osborne）做出了一个惊人的预测：由于机器学习的发展，美国将近一半的职位在不久的将来都会面临被自动化代替的“极大风险”。[5] 他们的模型指出，管理、商业和金融行业的服务方无须担心。失业将集中在劳动力市场的底层：“计算机化主要会取代低技能和低工资的岗位……交通运输及物流行业的大多数服务方，以及大量行政人员和辅助岗位的服务方，以及制造业的劳动力，都岌岌可危”。[6]

我们已经看到，零工经济的传播是如何影响各个行业的，但很明显，大多数以平台为基础的工作，从优步司机和户户送的自行车骑手，到在亚马逊众包平台上输入数据的人和打扫公寓的众包服务方，都位于弗雷和奥斯本的核心风险区。麻省理工学院的艾瑞克·布林约尔松（Erik Brynjolfsson）和安德鲁·麦卡菲（Andrew McAfee）同意，技术的进步让劳动力市场产生了严重的两极分化：

> 对于拥有特殊技能或接受了良好教育的服务方来

> 说，当前是最好的时代，因为这些人可以用技术去创造和获取价值。然而，对于只有“普通”技术和能力的服务方来说，这是最糟糕的时代，因为计算机、机器人和其他数字技术正以极快的速度获得这些技术和能力。[7]

如此一来，上述预测似乎很明确：鉴于机器学习和人工智能呈指数趋势倍增，零工经济只是一个过渡现象罢了，大多数基于低技能平台的工作很快就会转给算法和机器人。随着自动驾驶汽车和洗衣机器人的出现，这种商业模式将从数字工作中介转型，导致大量劳动力失业。

就像前几章提倡的那样，雇佣法标准得到一贯适用，甚至会产生更多压力，从而加速这一转变：强加给平台的成本将激励创新，不仅是在低薪领域。正如辛西娅·埃斯特伦德（Cynthia Estlund）教授所说的那样：“的确，自动化以完全合法的方式消除了雇佣员工的成本，几乎无懈可击。”[8] 她指出，就业保护的成本显得极为苛刻，尤其是对低收入服务方：“特别是在劳动力市场底端，提高工资、福利和工作条件的下限，激励了将技术自动化、岗位自动化的商业案例。”[9]

从劳动经济学来看，只要工作是可以自动化的，这就没错。然而，机器学习在多大程度上能够处理基于平台的工作，比一些研究者为我们划定的范围要大得多。最新一波技术性失业到底会给零工经济带来多大影响，目前尚未可知。

自动化的局限

自动化确实对劳动力市场产生了巨大影响，尤其加剧了收入不平等。然而，这真的会对许多零工经济平台工作的低技能、低工资特点产生迫在眉睫的威胁吗？我们有充分的理由怀疑这种说法，即机器人的崛起将意味着零工经济的终结。鉴于大多数平台任务的性质，自动化对劳动力市场产生了不同影响，对零工经济服务方影响不大。如果有的话，自动化的中期结果看起来可能容易让更多的工作岗位受到数字工作中介的影响。

1. 波兰尼悖论

当一大批人主张自动化会破坏工作机会时，麻省理工学院的经济学家大卫·奥特（David Autor）是持此怀疑态度的一位代表性学者。他认为，随着计算机普及至各个角落，很容易让人们认为它可以接管大部分职位，“但这种逻辑毫无依据。”[10] 在涉及日常任务时，现代算法与服务方相比，具备很大的优越性，可以把此类任务总结为一套清晰的指令，如在复杂的金融模型中处理数字。然而，如果可以被自动化的话，若要把现代劳动力市场的许多方面自动化，那比我们想象的要难得多。

这就是“波兰尼悖论”(Polanyi’s Paradox)，以迈克尔·波兰尼（Michael Polanyi）的观察结果命名，即“我们知道的，比我们能说出来的多”。事实证明，在整个劳动力市场上，人类的直觉非常关键，包括在最底端。不管是厨师把鸡蛋打到搅拌碗里，还是教授写一篇有说服力的新讲稿，奥特解释说：

> ……事实证明，最令自动化烦恼的任务，是那些需要灵活性、判断力和常识的任务，我们只是不言而喻地理解这些技能。在实践层面，波兰尼悖论意味着许多熟悉的任务，从平凡到崇高，目前都无法被计算机化，因为我们不知道“规则”。[11]

马上就能一清二楚的是，目前零工经济服务方完成了各种各样的任务，许多人恰恰需要这些技能。不妨设想一下，清洁工必须把手伸到桌子后面，去清理一束杂乱的电线；在伦敦的雨夜，骑自行车的快递小哥穿梭在汽车之间，躲避乱穿马路的行人；或是一位众包服务方，为网络上的数百张照片分类。这些工作可以被算作低技能劳动，但其不断变化的、不可预测的性质，几乎不可能把它们转化为一个简单的算法。

麦卡菲和布林约尔松对此表示反对：因为“人类最近能制造更好的机器，这些机器自己就能把事情搞定”，他们认为，“波兰尼悖论”并不是以前那样的障碍；即使人类不教机器，它们也能学习。[12] 的确，工程师们一直在努力开发“清洁机器人”、自动驾驶汽车和图像识别软件。然而，即便经过多年的工作，并投入数十亿美元的投资，这些算法仍举步维艰，从被主人头发缠住只能等着辅助人员解救的机器清洁工，到被冰、雪、褪色的路标和乱扔的塑料袋迷惑的自动驾驶汽车。[13]

2. 人工的人工智能

从长期看，零工经济不会继续超出算法的范围。然而，只要任务那一成不变的性质是自动化的核心，那么技术就有可能在其他经济部门以更快的速度发展。[14] 以法律证据和尽职调查为例，一旦收入不菲的初级律师所独有的工作，是被迫用几个星期的时间处理一箱箱的文件，那么这种工作很快就会被语言识别软件和模式识别软件所支配。[15]

目前，自动化似乎更有可能推动零工经济的增长。技术愈发频繁地将传统工作分解成分散的任务。试想，一位给并购交易提供建议的企业律师，按照传统，其必须从尽职调查开始，继而坐下来起草一系列合同，与对方开会协商条款，并不断地跟客户同步最新情况。如今，在这些任务中，有些部分很容易被自动化，剩下的诸多带有非常规元素的内容则愈发频繁地被外包给大众。[16]

自动化几乎肯定会摧毁一些工作岗位，但我们应该谨慎地做出如下假设，即它在短期内会对零工经济产生重大后果。还记得 MTurk 的背后宗旨吗？是通过让人们完成计算机无法完成的工作，提供人工的人工智能。

为未来工作重新思考雇佣法

不管自动化如何发展，要确保零工经济以及整个劳动力市场拥有体面的工作条件，关键在于，自动驾驶汽车和机器人仆人的前景不会对上述情形造成伤害。只要我们在工作，我们就需要劳动法，首先是确保对服务方本身的基本保护。正如我们在前一章中所看到的那样，在保护需求方和市场、鼓励在公平环境下进行创新和竞争等方面，劳动法也发挥着至关重要的作用。

就像技术性失业一样，劳动法对工作本身的威胁通常被夸大。本书的核心观点是，大多数零工经济工作都属于雇佣法的适用范围，就业监管是按需服务拥有可持续性未来的关键。将零工服务方当作雇员，将平台当作他们的雇主，不会引发大规模失业，反而会为生产力及其增长创造一个框架。

然而，确保雇佣法在零工经济中得到一贯适用，是为了应对未来的工作挑战，重新思考雇佣法的第一步。很多原因推动着工作远离20世纪雇佣法所发展出的稳定双边工作关系，技术发展和零工经济的崛起只是其中两个因素而已。与之相同，我们看到了间歇性工作的兴起，往往为多个雇主工作，也许其中还穿插着真正的创业时期。的确，从算法控制到平台的商业模式，虽然零工经济的这些方面都是行业特有的现象，但许多深层问题绝并不是只局限于平台工作，长期以来一直是许多学术研究的主题。

随着我们向劳动力市场迈进，越来越多的服务方和他们的零工经济同事们面临着一样的挑战，确实需要用创新型的视角来理解、保护服务方的新模式。对我们来说，这是一项艰巨的任务，也是一项不容忽视的任务。

注　释

前言

1　Tom Standage, *The Mechanical Turk: The True Story of the Chess-playing Machine that Fooled the World* (Allen Lane 2002).更多评论,请参见：Simon Singh, "Turk's gambit", *The Guardian* (20 April 2002), http: //www.theguardian.com/books/2002/apr/20/scienceandnature.highereducation, archived at https://perma.cc/T9XK-W7N4; DickTeresi,"Turkish gambit", *The NewYork Times* (2 June 2002), http://www.nytimes.com/2002/06/02/books/turkish-gambit.html, archived at https://perma.cc/77YA-9U5K. 如果你想观看活动的机械土耳其人，可以从这里看到复制品："Meet the Mechanical Turk, an 18th century chess machine", *BBC News* (22 March 2013), http://www.bbc.co.uk/news/av/magazine-21882456/meet-the-mechanical-turk-an-18th-century-chess-machine,archived at https: //perma.cc/77JK-G8JC

2　Ursula Huws, "New forms of platform employment or crowd work", in Werner Wobbe, Elva Bova, and Catalin Dragomirescu-Gaina (eds), *The Digital Economy and the Single Market* (FEPS 2016), 73, 清晰地阐释了零工经济服务广泛存在：

> 一些高端公司，如提供法律服务的埃科希姆公司（Axiom），提供医疗服务的希尔公司（Heal）和麦迪卡公司（Medicast），提供高级管理服务的商业人才集团（Business Talent Group）和提供管理咨询的伊登·麦卡伦公司（Eden McCallum）等。往下一个等级，是帮帮忙（Handy）、任务兔、家政助手和哈塞尔（Hassel）等企业，提供像打扫卫生、处理杂务或基本的家务劳动等。在这两者间，还存在提供其他行业服务的公司，如教师、厨师、树木修剪专家、理发师、翻译和电影剪辑师等。

3 Steven Hill, *Raw Deal:How the "Uber Economy" and Runaway Capitalism Are Screwing American Workers* (St Martin's Press 2015).

4 Rachel Botsman and Roo Rogers, *What's Mine Is Yours:The Rise of Collaborative Consumption* (Collins 2011).

5 Arun Sundararajan, *The Sharing Economy:The End of Employment and the Rise of Crowd-Based Capitalism* (MIT Press 2016), 19.

6 Sangeet Paul Choudary, Geoffrey G. Parker, and Marshall W. Van Alstyne, *Platform Revolution:How Networked Markets Are Transforming the Economy and How to Make Them Work for You* (Norton & Co. 2016), 5.

7 Tom Slee, *What's Yours Is Mine* (O/R Books 2015), 10:

> 它没有为我们的交流带来一种全新的开放性和个人的信任感，而是引发了一种新型的监控，其中，提供服务的服务方必需生活在被人监控的恐惧之下，而公司首席执行官们却在亲切地谈论着他们的用户社区，与集中控制相比，这种情况显得更困窘。

8 Steven Hill, *Raw Deal* (St Martin's Press 2015).

9 Lilly Irani,"The cultural work of microwork" (2013) 17 (5) New Media & Society 720, 720. 据我所知,来自http://techtv.mit.edulvideos/16180-opening-keynote-and-keynote-interview-with-jeff-bezos的视频在11分37秒处,贝佐斯实际上没有使用"humans"（人类），而是说作为服务的"people"(人们),在下一张演示文稿中展示了代码如何能"把人们置于循环之中",但实际意思是一样的,依然是"人力即服务"。

10 Moshe Marvit,"How crowdworkers became the ghosts in the digital machine", *The Nation* (5 February 2014), http://thenation.com/article/how-crowdworkers-became-ghosts-digital-machine/, archived at https://perma.cc/544Q-BL4S

11 Treaty of Versailles (1919), Art. 427（之前的机构已经改为"国际劳工组织"）. 1944 年的费城宣言 (Declaration of Philadelphia) 再次重申了该协议。

12 Lilly Irani, "The cultural work of microwork" (2013) 17 (5) New

Media & Society 720, 729.

13 同上文，732。

14 同上文，738.

15 Jeff Howe, *Crowdsourcing: How the Power of the Crowd Is Driving the Future of Business* (Random House 2009), 15.

16 Frank Pasquale, "Two narratives of platform capitalism" (2016) 35 (1) Yale Law & Policy Review 309, 312.

第1章

1 Jeff Howe, 'The rise of crowdsourcing', *Wired* (1 June 2006), http: //www.wired.com/2006/06/crowds/, archived at https://perma.cc/44XE-MLDR.

2 Jeff Howe, *Crowdsourcing:How the Power of the Crowd Is Driving the Future of Business* (Random House 2009). 众包并非只局限在劳动力市场：各个领域的需求方、政府和企业都已将关注点转移至互联网，从美国国家宇航局让美国公民帮忙识别外星 球 (http://www.zooniverse.org/projects/marckuchner/backyard-worlds-planet-9, archived at https://perma.cc/LR8S-7QUF), 到创业公司通过"启动器"(Kickstarter, http: //www.kickstarter.com,archived at https://perma.cc/9DNZ-ACZ9) 等平台为新业务众筹资金等。

3 Orly Lobel, 'The law of the platform' (2016) 101(1) Minnesota Law Review 87, 91.

4 European Commission, 'Introduction to Deliveroo' (European Commission 2016), http://ec.europa.eu/information_society/newsroom/image/document/2016-6/deliveroo_13855.pdf,archived at https://perma.cc/6J2T-8XK9; Foodora, 'About us', http://www.foodora.com/about/, archived at https://perma.cc/4QS9-LB6W

5 David Durward, Ivo Blohm,and Jan Marco Leimeister, 'Principal forms of crowdsourcing and crowd work', in Werner Wobbe, Elva Bova,and Catalin Dragomirescu-Gaina (eds), *The Digital Economy and the Single Market* (FEPS 2016), 46-7, 48.

6 Michael Heiling and Sylvia Kuba, 'Die Ökonomie der Plattform', in Doris Lutz and Martin Risak (eds), *Arbeit in der Gig-Economy:Rechtsfragen neuer*

Arbeitsformen in Crowd and Cloud (OGB Verlag 2017), 28, 33–4.

7 谈及当前的平台经济类型，似乎无法绕开“爱彼迎”（airbnb）平台。该公司位于加利福尼亚州，提供全球的房屋及公寓出租业务（http://www.airbnb.co.uk, archived at https: //perma.cc/TF8R-YUSJ）。乍一看，它跟我们感兴趣的按需服务经济平台有很多共同之处：都通过复杂的评分算法将需求方和服务相匹配起来，而且都提供完全自动化的支付和反馈系统；此外，它们都遭到了类似的两极化评价，包括对地方市场的影响，还都卷入了与管理者的高调争议中。

但是爱彼迎提供的服务不属于按需服务。该平台商业模式的基础是出售资产的短期使用权，而不是工作。当然，出租房子或者公寓也需要一定量的劳动，从换床单到打扫卫生间，但它为需求方提供的产品是使用某种资产，而不是按需劳动。

很多按需服务平台明确规定，服务方需要提供自己的工作工具，如供人乘坐的汽车或众包项目的电脑。然而在现实中，服务方通常并不需要真正拥有潜在资产。例如，在世界各地的许多城市，已经出现了大量提供“优步可用”汽车租赁服务的第三方供应商（可参见 http://easyuberhire.com, archived at https: //perma.cc/Q6QW-FM3N），与此同时，平台本身提供一个专门的优步交易市场，“旨在帮助现有合作司机和新人们租赁并购买交通工具”(https://drive.uber.com/ukmarketplace/location/london/, archived at https://perma.cc/ABB5-DKYN).

8 有时候，它还提供其他不太常用的交通模式，包括船只和直升机等，参见 Justia Trademarks,‘Everyone’s private driver: trademark details’, https://trademarks.justia.com/858/16/everyone-s-private-85816634.html, archived at https://perma.cc/9AEQ-SHNV

9 TaskRabbit Support,‘Is TaskRabbit in my city?’, https://support.taskrabbit.com/hc/en-us/articles/204411090-Is-TaskRabbit-in-my-city-, archived at https://perma.cc/8RC8-GV5H

10 TaskRabbit Support,‘The TaskRabbit trust & support fee’, https: //support.taskrabbit.co.uk/hc/en-gb/articles/204943200-The-TaskRabbit-Trust-Safety-Fee, archived at https://perma.cc/2EDG-7MHT

11 TaskRabbit Support,‘Ratings and reviews on the TaskRabbit

platform', https://support.taskrabbit.co.uk/hc/en-gb/articles/204668060-Ratings-and-Reviews-on-the-TaskRabbit-Platform-, archived at https: //perma.cc/FEE8-UN7W

12 美国自由职业者联盟（Freelancers Union）的创始人兼执行主任萨拉·霍罗维茨（Sara Horowith）曾在一篇有关"Upwork"的媒体报道中提到2014年美国自由职业的相关数据：据最新研究发现，有5300万美国人在Upwork平台上从事自由职业。参见http://www.upwork.com/press/2014/09/03/53-million-americans-now-freelance-new-study-finds-2/, archived at https://perma.cc/P3Q4-WJH4

13 Frank Kalman, 'Yes, the gig economy is great—but it isn't the future of work', *Talent Economy* (18 November 2016), https://medium.com/talent-economy/yes-the-gig-economy-is-great-but-it-isnt-the-future-of-work-a5629f2b9e2d,archived at https://perma.cc/Q8MD-4A8C

14 同上。

15 若想了解撰写本书时最有前景的一些研究成果，可参见 McKinsey Global Institute (MGI), *Independent Work:Choice, Necessity, and the Gig Economy* (McKinsey & Co. 2016), 36; Brhmie Balaram, Josie Warden, and Fabian Wallace-Stephens,*Good Gigs: A Fairer Future for the UK's Gig Economy* (RSA 2017), 18.

16 MGI, *Independent Work:Choice,Necessity,and the Gig Economy* (McKinsey & Co. 2016), 36, citing Lawrence Katz and Alan Krueger, 'The rise and nature of alternative work arrangements in the United States, 1995-2015' (2016) NBER Working Paper No. 22667; Patrick Gillespie, 'The rapidly growing gig economy is still super small', *CNN Money* (6 May 2016), http://money.cnn.com/2016/05/06/news/economy/gig-economy-princeton-krueger-tiny/,archived at https://perma.cc/6ZT9-8EX7

17 Caroline O'Donovan, 'Sen. Mark Warner to San Francisco techies:"the politicians are coming"', *BuzzFeed News* (25 September 2015), http://www.buzzfeed.com/carolineodonovan/the-politicians-are-coming-sen-mark-warner-has-a-warning-for?utm_term=.cwyPplxvA#.gxkqvKxOj, archived at https://perma.cc/

UE7Q-6GTK. 并非只有零工经济的规模才让统计学家犯难；同样困扰他们的问题是，如何确定服务方的关键点。性别是一个重要方面，参与工作的男女比例很难测量，在记录和展示人群画像时，不同平台差异巨大。麦肯锡咨询公司曾表示，“独立工作中存在性别差异，男性更有可能称为自由代理人，而女性则更有可能称为额外创收者”。[见 MGI, *Independent Work:Choice, Necessity, and the Gig Economy* (McKinsey & Co. 2016), 43]。同时，英国智库 RSA 得出的结论是，每周从事零工工作的服务方中，74% 为男性，在打车平台优步上，该数字高 达 95%。[Brhmie Balaram, Josie Warden,and Fabian Wallace-Stephens,*Good Gigs: A Fairer Future for the UK's Gig Economy* (RSA 2017), 29]

18 MGI, *Independent Work: Choice,Necessity,and the Gig Economy* (McKinsey & Co. 2016), 30; Diana Farrell and Fiona Greig, *Paychecks, Paydays, and the Online Platform Economy: Big Data on Income Volatility* (JPMorgan Chase Institute 2016); Chartered Institute of Personnel and Development (CIPD), *To Gig or not to Gig? Stories from the Modern Economy* (CIPD 2017), 4.

19 Brhmie Balaram, Josie Warden, and Fabian Wallace-Stephens, *Good Gigs: A Fairer Future for the UK's Gig Economy* (RSA 2017), 13.

20 MGI,*Independent Work:Choice, Necessity, and the Gig Economy* (McKinsey & Co. 2016), 3. 监管者已开始关注这一问题。2016 年 4 月，英国国家统计局办公室 (UK's Office for National Statistics, 简称 ONS) 针对共享经济的测量，发布了一项详细可行的研究，提供了几种潜在选择和数据来源，也提出了大量问题，参见：Michael Hardie, *The Feasibility of Measuring the Sharing Economy* (ONS 2016), http://www.ons.gov.uk/economy/economicoutputandproductivity/output/articles/thefeasibilityofmeasuringthesharingeconomy/2016-04-05, archived at https://perma.cc/8G7C-2LGX. 是否在适当时机采用特定测量方法，还有待观望。

21 Mark Graham,Vili Lehdonvirta, Alex Wood, Helena Barnard, Isis Hjorth, and David P. Simon, *The Risks and Rewards of Online*

Gig Work at the Global Margins* (Oxford Internet Institute 2017), 1, http://www.oii.ox.ac.uk/publications/gigwork.pdf,archived at https://perma.cc/EZJ4-3AAD

22 Ibid., 2.

23 Brhmie Balaram, Josie Warden,and Fabian Wallace-Stephens, *Good Gigs:A Fairer Future for the UK's Gig Economy* (RSA 2017), 13.

24 Micha Kaufman, 'The gig economy:the force that could save the American worker?' ,*Wired* (undated), http://www.wired.com/insights/2013/09/the-gig-economy-the-force-that-could-save-the-american-worker/, archived at https://perma.cc/5SSU-RX7Q

25 数据引自：MGI,*Independent Work:Choice, Necessity, and the Gig Economy* (McKinsey & Co. 2016), 67. 参考文献包括：CB Insights, 'The on-demand report' , http://www.cbinsights.com/research-on-demand-report, archived at https://perma.cc/FG2Q-9CDV; 增长率为 18%， 来自 'Intuit forecast:7.6 million people in on-demand economy by 2020' , *Intuit* (13 August 2015), http://investors.intuit.com/Press-Releases/Press-Release-Details/2015/Intuit-Forecast-76-Million-People-in-On-Demand-Economy-by-2020/default.aspx,archived at https://perma.cc/CZ5H-92FT; 47 倍， 来自 Diana Farrell and Fiona Greig, *Paychecks, Paydays, and the Online Platform Economy:Big Data on Income Volatility* (JPMorgan Chase Institute 2016).

26 MGI,*Independent Work:Choice, Necessity, and the Gig Economy* (McKinsey & Co. 2016), 76–7. 另一个因素是近期全球经济危机带来的影响，它已重塑了全国的劳动力市场。随着各国在经济衰退和高失业率或低就业率中苦苦挣扎，越来越多的个人会来平台找工作。西班牙以经济衰退而著称，正在与高失业率抗争，尤其是年轻人。MGI 发现，将该国与欧盟 15 国的平均值对比，约 42% 的人由于经济需要而选择独立工作，在欧盟 15 个成员国中，该平均值为 32%。ibid., 60.

27 Jonathan Shieber, 'Handy hits $1 million a week in bookings as cleaning economy consolidates' , *TechCrunch* (14 October 2014), https://techcrunch.com/2014/10/14/handy-hits-1-million-a-week-in-bookings-as-cleaning-economy-consolidates/, archived at https://

perma.cc/N5SV-ARAM

28 Kaitlin, ‘Ringing in 2017 with Uber’, *Uber Newsroom* (2 January 2017), https://newsroom.uber.com/nye2016/, archived at https://perma.cc/CU9E-YGYS;https://uberestimator.com/cities,archived at https://perma.cc/H4BR-K7YR. 一项由财捷金融软件公司 (Intuit) 开展的研究表明，按需服务经济的年增长率超过了 18%，同时摩根大通 (JPMorgan Chase) 发现，按需服务经济的参与人数在 2012—2015 年间，增长了 47 倍。世界银行预测，到 2020 年，仅网络外包这一项的整体服务收入，其市场规模会从 2016 年的 44 亿美元增长至“150 亿到 250 亿美元”。而大部分市场依然有待开发，如 2015 年，75% 的美国需求方依然对“共享经济”没有意识。麦肯锡发表了类似看法，说“还有很大的增长空间”，原因有很多：越来越多的人对独立工作感兴趣，按需服务经济也有潜力刺激失业劳动力。英国智库 RSA 表示赞同：“零工经济的劳动力要大得多，有成百上千万的潜在零工服务方。” Siou Chew Kuek, Cecilia M. Paradi-Guilford, Toks Fayomi, Saori Imaizumi, and Panos Ipeirotis, *The Global Opportunity in Online Outsourcing* (World Bank Group 2015), 3; MGI, *Independent Work:Choice, Necessity, and the Gig Economy* (McKinsey & Co. 2016), 68, 转引自 Aaron Smith, *Shared, Collaborative, and on Demand:The New Digital Economy* (Pew Research Centre 2016), based on a national survey conducted in November–December 2015. 另一项研究来自普华永道会计师事务所（PricewaterhouseCoopers, 简称 PwC）认为，有 44% 的美国成年人了解共享经济，可参见 PwC, *The Sharing Economy* (Consumer Intelligence Series 2015), 5; MGI, *Independent Work:Choice, Necessity, and the Gig Economy* (McKinsey & Co. 2016), 69, 73; Brhmie Balaram, Josie Warden, and Fabian Wallace-Stephens, *Good Gigs:A Fairer Future for the UK's Gig Economy* (RSA 2017), 33.

29 Jim Edwards, ‘Uber's leaked finances show the company might-just might-be able to turn a profit’, *Business Insider UK* (27 February 2017), http://uk.businessinsider.com/uber-leaked-finances-accounts-revenues-profits-2017-2, archived at https://

perma.cc/V57C-8F57. 技术记者和金融记者通常在介绍汽车生产商的市值文章中使用这个数据，以说明优步的市值已经快速取代了通用 (General Motors) 或福特 (Ford) 等老牌大厂，可参见 Liyan Chen，‘At $68 billion valuation, Uber will be bigger than GM, Ford, and Honda’，*Forbes* (4 December 2015), http://www.forbes.com/sites/liyanchen/2015/12/04/at-68-billion-valuation-uber-will-be-bigger-than-gm-ford-and-honda/,archived at https://perma.cc/7P9K-SQYB. 并非所有人都认可这些数字，可参见：Sunil Rajaraman，‘The on-demand economy is a bubble-and it's about to burst’，*Quartz* (28 April 2017), https://qz.com/967474/the-on-demand-economy-is-a-bubble-and-its-about-to-burst/,archived at https://perma.cc/MTB8-SQYG

30 相关概述，参见 Christopher Pissarides，‘Equilibrium in the labor market with search frictions’ (2011) 101 (4) *American Economic Review* 1092. 他的诺贝尔奖获奖感言可参见 http://www.nobelprize.org/nobel_prizes/economic-sciences/laureates/2010/pissarides-lecture.pdf, archived at https://perma.cc/U64H-QRP7

31 Ronald Coase，‘The nature of the firm’ (1937) 4 (16) *Economica* 386.

32 Julia Tomassetti，‘Does Uber redefine the firm? The postindustrial corporation and advanced information technology’ (2016) 34 (1) *Hofstra Labor and Employment Law Journal* 1,17.

33 Ibid., pt Ⅳ .

34 Ibid., 34.

35 Victor Fleischer，‘Regulatory arbitrage’ (2010) 89 (2) *Texas Law Review* 227, 230. 虽然这种现象本身被普遍接受，但并非所有评论者都认同这一术语。例如，魏淑仪和凌戴安指出，平台决定自称只是中介，它们“肯定采用了独立外包商的分类”，成为“税收机会主义”的例子，而不是监管套利，同时承认这些类别的重合之处是举足轻重的。“在有些情况下，交易是否应该被视作套利（通过以下方式故意设立：产生某些交易成本，以确保获得更大的监管利益），还是机会主义（由于新的分享模型所固有的特性，利用现有法律存在的漏洞获利），还存在争议”。详情可参见：Shu-Yi Oei and Diane Ring，‘Can

sharing be taxed?' (2016) 93 (4) *Washington University Law Review* 1027, 1042, 1051. 其他作者指出，"监管创业"这一术语可能存在更多的问题，其商业模式的核心就存在法律争议，可参见：Elizabeth Pollman and Jordan M. Barry, 'Regulatory entrepreneurship' (2017) 90(3) *Southern California Law Review* 383.

36 Victor Fleischer, 'Regulatory arbitrage' (2010) 89 (2) *Texas Law Review* 227, 230.

37 零工经济平台模式的真正成本，并不仅仅包括这些。个人外包商的分类，不仅将许多企业成本转嫁给个体服务方，而且还增加了成本。芝加哥大学 (Chicago University) 的丹尼尔·赫梅尔 (Daniel Hemel) 强调了这种"上池化" (unpooling) 的成本。由于风险被转嫁给个体服务方，虽然雇佣法把健康、残疾等风险和人捆绑在一起，使得社会保险变得廉价，但个人保险的代价也不可避免地提高了。详情可参见：Daniel Hemel, 'Pooling and unpooling in the Uber economy' (2017) *University of Chicago Legal Forum*, forthcoming.

38 Julie Verhage, 'Here's what Morgan Stanley is telling its wealthiest clients about Uber', *Bloomberg* (14 January 2016), http://www.bloomberg.com/news/articles/2016-01-14/here-s-what-morgan-stanley-is-telling-its-wealthiest-clients-about-uber,archived at https://perma.cc/B3WV-8SSN. 当前成本方面的改变让人印象深刻：

> 此外，这种方式能让一些利用公司平台来报销某些费用的司机有可能成立司机工会，强制公司缴税，并承担义务，让使用公司平台的司机从工资和工时法律中获益，强制公司实行必要的事假制度、医疗保险、工伤补偿保险、雇员退休收入保障法案，以及类似的养老金义务及限制。

39 Hubert Horan, 'Will the growth of Uber increase economic welfare?' (2017) 44 (1) *Transportation Law Journal* 1,8.

40 Eric Newcomer, 'Uber,lifting financial veil, says sales growth outpaces losses', *Bloomberg* (14 April 2017), http://www.bloomberg.com/news/articles/2017-04-14/embattled-uber-reports-

strong-sales-growth-as-losses-continue, archived at https://perma.cc/XH63-9ENU; Joshua Brustein, 'TaskRabbit's stalled revolution', *Bloomberg* (22 December 2016), http://www.bloomberg.com/news/articles/2016-12-22/taskrabbit-s-stalled-revolution,archived at https://perma.cc/7ZNJ-T84F

41 Yves Smith, 'Can Uber ever deliver? Part One—Understanding Uber's bleak operating economics', *Naked Capitalism* (30 November 2016), http://www.nakedcapitalism.com/2016/11/can-uber-ever-deliver-part-one-understanding-ubers-bleak-operating-economics.html,archived at https://perma.cc/RN7K-9SSZ. 霍兰发表的一篇文章已经列出了详细数字，可参见：Hubert Horan, 'Will the growth of Uber increase economic welfare?' (2017) 44(1) *Transportation Law Journal* 1. 其他报告强调持续推动强势增长。丹·普里马克(Dan Primack)在2017年8月的报告中指出，"在上一季度，优步的全球共享乘车业务是正现金流，与第一季度相比，是一个飞跃"。详情可参见：Dan Primack, 'Exclusive: inside Uber's financials', *Axios* (23 August 2017), https://www.axios.com/exclusive-uber-financials-2475912645.html, archived at https://perma.cc/7EN9-XUXK

42 Izabella Kaminska, 'Mythbusting Uber's valuation', *Financial Times* (13 September 2016), https://ftalphaville.ft.com/2016/09/13/2173631/mythbusting-ubers-valuation/,archived at https://perma.cc/6EHK-FGUU

43 Joseph Farrell and Paul Klemperer, 'Coordination and lock-in:competition with switching costs and network effects', in Mark Armstrong and Robert Porter (eds), *Handbook of Industrial Organization* (Elsevier 2007), 1967,1974.

44 Yves Smith, 'Can Uber deliver? Part Four—Understanding that unregulated monopoly was always Uber's central objective', *Naked Capitalism* (5 December 2016), http://www.nakedcapitalism.com/2016/12/can-uber-ever-deliver-part-four-understanding-that-unregulated-monopoly-was-always-ubers-central-objective.html,archived at https://perma.cc/N98A-VLG5. 有些评论员表达

了对垄断的担忧，可参见：Frank Pasquale, ‘Two narratives of platform capitalism’ (2016) 35 *Yale Law & Policy Review* 309, 316; 虽然并非所有人都同意，但有人担心先发优势和运气会因此变得根深蒂固，可参见（所引用信息来源于）：Jared Meyer, ‘Uber is not (and will never be) a monopoly’, *Forbes* (15 February 2016), http://www.forbes.com/sites/jaredmeyer/2016/02/15/uber-guardian-not-monopoly-ridesharing/#2f4e6c377932, archived at https://perma.cc/3DL6-638C

45 Micha Kaufman, ‘The gig economy:the force that could save the American worker?’, *Wired* (undated), http://www.wired.com/insights/2013/09/the-gig-economy-the-force-that-could-save-the-american-worker/, archived at https://perma.cc/5SSU-RX7Q

46 Brhmie Balaram,Josie Warden, and Fabian Wallace-Stephens, *Good Gigs:A Fairer Future for the UK's Gig Economy* (RSA 2017),26.

47 Uber, ‘Driver stories’, http://www.uber.com/driver-stories/,archived at https://perma.cc/WF2Z-WLKU

48 Uber, ‘Driver stories:Yoseph’, http://www.uber.com/driver-stories/yoseph/, archived at https://perma.cc/M8WH-DG5E

49 Uber, ‘Driver stories:Christine’, http://www.uber.com/driver-stories/christine-aston/, archived at https://perma.cc/NE95-QQ5Z

50 Uber, ‘Driver stories:Loren’, http://www.uber.com/driver-stories/loren/, archived at https://perma.cc/4DE4-F7PL

51 PwC, *The Sharing Economy* (Consumer Intelligence Series 2015), 20.

52 TaskRabbit, ‘Task of the week:Venice Beach party help’ (14 September 2015), https://blog.taskrabbit.com/2015/09/14/914-task-of-the-week-all-the-kids-party-on-venice-beach/, archived at https://perma.cc/Q3DR-Z335

53 Brhmie Balaram, Josie Warden,and Fabian Wallace-Stephens, *Good Gigs:A Fairer Future for the UK's Gig Economy* (RSA 2017), 45.

54 Jessica L. Peck, ‘New York City drunk driving after Uber’ (2017) Cuny Graduate Centre PhD Program in Economics Working Paper No. 13.

55 Elliot Martin,Susan Shaheen,and Jeffrey Lidicker, ‘The impact of carsharing on household vehicle holdings:results from a North

American shared-use vehicle survey' (1 March 2010), http://tsrc.berkeley.edu/vehicleholdings,archived at https://perma.cc/XTX5-6CF2, as cited by Brhmie Balaram, Josie Warden,and Fabian Wallace-Stephens,*Good Gigs:A Fairer Future for the UK's Gig Economy* (RSA 2017), 51.

56 Frank Field and Andrew Forsey,*Sweated Labour:Uber and the 'Gig Economy'* (HMSO 9 December 2016), 3.

57 Ibid., 5.

58 Rebecca Smith and Sarah Leberstein, *Rights on Demand:Ensuring Workplace Standards and Worker Security in the On-demand Economy* (NELP 2015), 6, citing review at *Glassdoor* (25 July 2013), http://www.glassdoor.com/Reviews/Employee-Review-CrowdSource-RVW2859226.htm,archived at https://perma.cc/Z9GG-C9EJ

59 CIPD, *To Gig or not to Gig? Stories from the Modern Economy* (CIPD 2017), 16.

60 Anjana Ahuja, 'Why "gig health" matters' , *Financial Times* (25 May 2017), http://www.ft.com/content/bdc90c22-408f-11e7-82b6-896b95f30f58, archived at https://perma.cc/9CVQ-WHZS

61 Ursula Huws, *The Making of a Cybertariat:Virtual Work in a Real World* (Merlin Press 2003); Nick Dyer-Witheford, *Cyber-proletariat:Global Labour in the Digital Vortex* (Pluto Press 2015).

62 Ursula Huws, *The Making of a Cybertariat:Virtual Work in a Real World* (Merlin Press 2003).

63 Brhmie Balaram, Josie Warden,and Fabian Wallace-Stephens, *Good Gigs: A Fairer Future for the UK's Gig Economy* (RSA 2017), 41.

64 Ariel Ezrachi and Maurice Stucke, *Virtual Competition:The Promise and Perils of the Algorithm-Driven Economy* (Harvard University Press 2016); see also Utpal Dholakia, 'Everyone hates Uber's surge pricing' , *Harvard Business Review* (21 December 2015), https://hbr.org/2015/12/everyone-hates-ubers-surge-pricing-heres-how-to-fix-it, archived at https://perma.cc/8RST-4G7Q

65 'There's an app for that' , *The Economist* (30 December 2014), http://www.economist.com/news/briefing/21637355-freelance-

workers-available-moments-notice-will-reshape-nature-companies-and,archived at https://perma.cc/DS63-TKKG, as cited by Brhmie Balaram, Josie Warden,and Fabian Wallace-Stephens,*Good Gigs:A Fairer Future for the UK's Gig Economy* (RSA 2017), 50.

66 Brhmie Balaram,*Fair Share:Reclaiming Power in the Sharing Economy* (RSA 2016), 6.

67 Ursula Huws, 'New forms of platform employment or crowd work', in Werner Wobbe, Elva Bova, and Catalin Dragomirescu-Gaina (eds), *The Digital Economy and the Single Market* (FEPS 2016), 73.

68 Siou Chew Kuek et al., *The Global Opportunity in Online Outsourcing* (World Bank Group 2015), 3.

69 MGI, *Independent Work:Choice, Necessity, and the Gig Economy* (McKinsey&Co 2016), 8. 该研究旨在说明，"独立工作"是一个日益增长的重要组成部分，接纳了按需服务经济人员。服务方选择的结果印证了后来针对英国情况的一项研究。有关对服务方动机的讨论，可参见：Brhmie Balaram, Josie Warden, and Fabian Wallace-Stephens, *Good Gigs: A Fairer Future for the UK's Gig Economy* (RSA 2017), 22.

70 MGI,*Independent Work: Choice, Necessity,and the Gig Economy* (McKinsey & Co. 2016),7.

71 Ibid., 43:

> 约半数（48%）家庭年收入不足 25000 美元的打工者从事独立工作，其中 37% 是出于需要才这么做。该数字远远超过家庭年收入在 75000 美元以上打工者的比例。在这一高收入人群中，有三分之一的人（35%）从事独立工作。不到四分之一是出于需要，而大多数人都是自愿选择。

72 Ibid., 53.

73 Cristiano Codagnone and Bertin Martens, 'Scoping the sharing economy:origins, definitions,impact and regulatory issues', Institute for Prospective Technological Studies Digital Economy Working Paper No. 2016/01, 15.

第2章

1 George Orwell, *Politics and the English Language* (Penguin 2013), 137.

2 Arun Sundararajan, *The Sharing Economy: The End of Employment and the Rise of Crowd-based Capitalism* (MIT Press 2016), 138.

3 George Stigler, 'The theory of economic regulation' (1971) 2(1) *The Bell Journal of Economics and Management Science* 3.

4 Ernesto Dal Bó, 'Regulatory capture:a review' (2006) 22(2) *Oxford Review of Economic Policy* 203, 203–4;George Stigler, 'The theory of economic regulation' (1971) 2 (2) *The Bell Journal of Economics and Management Science* 3.

5 Tom Slee, *What's Yours is Mine:Against the Sharing Economy* (O/R Books 2015), 27.

6 Anya Kamenetz, 'Is Peers the sharing economy's future or just a great Silicon Valley PR stunt?' , *Fast Company* (9 December 2013), http://www.fastcompany.com/3022974/tech-forecast/is-peers-the-sharing-economys-future-or-just-a-great-silicon-valley-pr-stunt,archived at https://perma.cc/6DMG-DGBJ

7 Andrew Leonard, 'The sharing economy gets greedy' , *Salon* (1 August 2013), http://www.salon.com/2013/07/31/the_sharing_economy_gets_greedy/,archived at https://perma.cc/M9E6-EVF5. 后续细节，可参见：Andrew Leonard, 'Who owns the sharing economy?' , *Salon* (2 August 2013), http://www.salon.com/2013/08/02/who_owns_the_sharing_economy/, archived at https://perma.cc/AL8X-VZXT

8 Sarah Kessler, 'Peers says its new focus is helping sharing economy workers' , *Fast Company* (12 November 2014), http://www.fastcompany.com/3038310/peers-says-its-new-focus-is-helping-sharing-economy-workers, archived at https://perma.cc/D5WR-WXXW

9 Tech:NYC, 'What we are' , http://www.technyc.org/what-we-are/, archived at https://perma.cc/Z9ND-3ETH

10 Sharing Economy UK, 'About us' , http://www.sharingeconomyuk.com,archived at https://perma.cc/3ENY-TLF3

11 Oxford World's Classics, *The Bible:Authorized King James Version* (Oxford University Press 2008), 1 Samuel 17, 33–5, 40, 42–3, 48–9.

12 Alex Tsotsis, 'TaskRabbit turns grunt work into a game', *Wired* (15 July 2011), http://www.wired.com/2011/07/mf_taskrabbit/,archived at https://perma.cc/JW2L-F23J

13 Matthew Feeney, 'Level the playing field—by deregulating' , *Cato Unbound* (10 February 2015), http://www.cato-unbound.org/2015/02/10/matthew-feeney/level-playing-field-deregulating,archived at https://perma.cc/A4J5-ZY88

14 Tim Bradshaw, 'Lunch with the FT:Travis Kalanick' , *Financial Times* (9 May 2014).https://next.ft.com/content/9b83cbe8-d5da-11e3-83b2-00144feabdc0,archived at https://perma.cc/98TB-JGZ2

15 Rob Davies, 'Uber loses court case to block English-language written test in London' , *The Guardian* (3 March 2017), http://www.theguardian.com/technology/2017/mar/03/uber-loses-court-case-english-language-test-london,archived at https://perma.cc/W232-G6ZK;Benjamin Parker, 'Bill de Blasio's progressive war on Uber' , *The Wall Street Journal* (3 August 2016), http://www.wsj.com/articles/bill-de-blasios-progressive-war-on-uber-1470265626,archived at https://perma.cc/29R5-GUD9;Humphrey Malalo and Drazen Jorgic, 'Uber driver attacked in Kenya,his taxi torched:police' , *Reuters* (22 February 2016), http://uk.reuters.com/article/us-kenya-security-idUKKCN0VV19X,archived at https://perma.cc/4VC7-2Q55; 'Uber managers arrested in France over "illicit" taxi service' , *BBC News* (29 June 2015), http://www.bbc.co.uk/news/world-europe-33313145,archived at https://perma.cc/6UZR-6MMJ; The German ban of the UberPOP service was upheld by an appellate court in 2016:Frank Siebelt, 'German court upholds ban of unlicensed Uber taxi service' , *Reuters* (9 June 2016), http://www.reuters.com/article/us-uber-germany-ban-idUSKCN0YV1JH,archived at https://perma.cc/YH6G-4FWK;Jon Henley, 'Uber to shut down Denmark operation over new taxi laws' , *The Guardian* (28 March 2017), http://www.theguardian.com/technology/2017/mar/28/uber-to-shut-down-denmark-

operation-over-new-taxi-laws, archived at https://perma.cc/WY9U-VPLF

16 Arun Sundararajan, *The Sharing Economy:The End of Employment and the Rise of Crowd-based Capitalism* (MIT Press 2016), 146.

17 Simon Deakin, 'On Uber & Luddism', Centre for Business Research:Cambridge Judge Business School Blog (28 October 2015), http://www.blogs.jbs.cam.ac.uk/cbr/wp-content/uploads/2015/10/uberruling-deakin-article.pdf,archived at https://perma.cc/7CEQ-WE3C

18 Arun Sundararajan, *The Sharing Economy:The End of Employment and the Rise of Crowd-based Capitalism* (MIT Press 2016), 146–7, citing the work of Adam Thierer and Sofia Ranchordàs, respectively.

19 Arun Sundararajan, *The Sharing Economy:The End of Employment and the Rise of Crowd-based Capitalism* (MIT Press 2016), 138.

20 Molly Cohen and Arun Sundararajan, 'Self-regulation and innovation in the peer-to-peer sharing economy' (2015) 82(1) *Chicago University Law Review Dialogue* 116, 116-17. 两位学者都承认，"因为第三方数字平台的利益并非总是与更广泛的社会利益相一致，所以有些政府的参与或监管可能依然有效"。

21 Ibid., 130-1. 在爱比邻（一家租房企业）处理过的一个案例中，他们指出：

> ……把与信息不对等相关的监管责任，委派给爱比邻一类的平台（其利益与全球信息的整合，以及减轻逆向选择与道德风险，存在着关联性），让当地的住房协会在监管当地的外部效应中发挥关键作用，因为租客噪音和建筑里的陌生人通常都是地方性的，是影响协会会员的主要元素。

22 Sharing Economy UK, 'Code of conduct', http://www.sharingeconomyuk.com/code-of-conduct, archived at https://perma.cc/WD6C-TBLK

23 这种假设具有明显的局限性，其中，监管不是为了巩固现有供应商的地位。设定司机人数的上限，能确保需求的稳定；其他规定也在需求方保护方面发挥重要作用。详情参见：Organisation for Economic Co-operation and Development (OECD), 'Taxi services:competition and regulation' (2007) *Competition Policy Roundtables*, http://www.oecd.org/regreform/sectors/41472612.pdf,archived at https://perma.cc/VUA4-XJ4D

24 Orly Lobel, 'The law of the platform' (2016) 101(6) *Minnesota Law Review* 118, 120.

25 通常，按需服务劳动力市场的异质性本质，偶尔会产生能证明相反观点的例子。例如，法院已经指出，信使需要接受特殊训练，和/或依赖特殊的设备，才能运送医疗敏感产品，需要提供特殊花名册以及/或许可。可参见：the UK employment tribunal decision in Dewhurst v Citysprint UK Ltd,Case No. ET/2202512/2016.

26 Brhmie Balaram, 'RSA calls for new approach to regulating the sharing economy', *RSA* (13 January 2016), http://www.thersa.org/about-us/media/2016/rsa-calls-for-new-approach-to-regulating-the-sharing-economy,archived at https://perma.cc/NC5L-2ZH7: 'But this isn't the story of David and Goliath in the sharing economy. . . These companies are networked monopolies that depend on the value created by their users to keep expanding.'

27 Ellen Huet, 'Lyft buys carpooling startup Hitch to grow Lyft line', *Forbes* (22 September 2014), http://www.forbes.com/sites/ellenhuet/2014/09/22/lyft-buys-carpooling-startup-hitch-to-grow-lyft-line/#5bb922452b59,archived at https://perma.cc/5H9D-Q44U;Lora Kolodny, 'Zimride acquires Cherry but won't offer car-washing service', *The Wall Street Journal* (26 March 2013), http://blogs.wsj.com/venturecapital/2013/03/26/zimride-acquires-cherry-but-wont-offer-car-washing-service/,archived at https://perma.cc/Z52R-B4K8

28 Leslie Hook and Charles Clover, 'Uber abandons car-hailing app battle with China rival Didi Chuxing', *Financial Times* (1 August 2016), http://www.ft.com/content/80125fd4-57a9-11e6-9f70-badea1b336d4,archived at https://perma.cc/23YY-XG9J. 相当讽刺的是，滴滴出行已入股 Uber 的几个重要竞争对手，包

括美国的 Lyft 和印度的 Ola:Leslie Hook, 'Uber makes a U-turn in China as subsidy war ends in Didi deal', *Financial Times* (1 August 2016), http://www.ft.com/content/7f6e251a-5801-11e6-9f70-badea1b336d4, archived at https://perma.cc/2MYF-JJ3X; Ma Fangjing and Charles Clover, 'Uber shares soar after Didi deal', *Financial Times* (2 August 2016), http://www.ft.com/content/54217d94-5892-11e6-8d05-4eaa66292c32, archived at https: //perma.cc/E4LJ-86NX

29 Clayton Christensen, Michael Raynor, and Rory McDonald, 'What is disruptive innovation?', *Harvard Business Review* (December 2015), https://hbr.org/2015/12/what-is-disruptive-innovation, archived at https://perma.cc/YUW5-UY2P

30 Ibid.

31 Paul Bradley Carr, 'Travis shrugged:the creepy,dangerous ideology behind Silicon Valley's cult of disruption', Pando (24 October 2012), https://pando.com/2012/10/24/travis-shrugged/, archived at https://perma.cc/7FRR-EZ2B. 布拉德利·卡尔还指出："也许'进化'是一个错误的词，其深层观念是所有政府干预都是坏的，自由市场是对公共需求的唯一保护，如果弱势的人们在这一过程中被踩在脚下，那就这样。几十年来，人们越发频繁地出现这种想法。实际上，大约在 70 年前，艾茵·兰德（Ayn Rand）在《源泉》（*The Fountainhead*）中首次将视线投向所有被信托基金宠坏的年轻人，这些人总在为自己愚蠢的错误找借口。"

32 Frank Pasquale and Siva Vaidhyanathan, "Uber and the lawlessness of 'sharing economy' corporates" *The Guardian* (28 July 2015), http://www.theguardian.com/technology/2015/jul/28/uber-lawlessness-sharing-economy-corporates-airbnb-google,archived at https://perma.cc/2ETJ-V3GX

33 House of Commons Business, Innovation and Skills Committee, *Employment Practices at Sports Direct:3rd Report of Session 2016/17* (HC 2016–17, 219), 3.

34 'Swalwell,Issa announce the Sharing Economy Caucus', Eric Swalwell press release (12 May 2015), https://swalwell.house.

gov/media-center/press-releases/swalwell-issa-announce-sharing-economy-caucus, archived at https://perma.cc/7SN7-M4XG. 共享出行平台来福车“很高兴能与华盛顿特区持续上述对话”。可参见：‘Lyft joins Sharing Economy Caucus’, *Lyft Blog* (13 May 2015), https://blog.lyft.com/posts/2015/5/13/lyft-joins-sharing-economy-caucus, archived at https://perma.cc/875C-N376. 它强调限制监管，尤其是确保更有利于平台的税收待遇。其他运行商与之类似，呼吁做出改变，以帮助“参与者在报税季前后，缓解税务带来的巨大压力”。可参见：John Kartch,‘Meet the congressional Sharing Economy Caucus’, *Forbes* (15 May 2015), http://www.forbes.com/sites/johnkartch/2015/05/15/issa-swalwell-launch-congressional-sharing-economy-caucus/2/, archived at https://perma.cc/2J5Y-EX6D

35 ‘Swalwell, Issa announce the Sharing Economy Caucus’, Eric Swalwell press release (12 May 2015), https://swalwell.house.gov/media-center/press-releases/swalwell-issa-announce-sharing-economy-caucus, archived at https://perma.cc/7SN7-M4XG

36 只有进行政治游说时，才能让平台偶尔讨论工作而不是创业宣传。2015 年年底，优步的战略决策高级副总裁大卫·普劳夫（David Plouffe）承诺，优步的愿景是在每个城市中开放经济机会，通过“与政府和支持上述愿景的组织合作”，该平台“会努力在 2015 年为澳大利亚创造 20 万个新的工作岗位”。可参见：‘Uber plans to create 200,000 new jobs in Australia in 2015’, *Uber Blog* (11 February 2015), https://newsroom.uber.com/australia/uber-plans-to-create-20000-new-jobs-in-australia-in-2015/, archived at https: //perma.cc/EJV7-4ZD8

37 Brhmie Balaram, *Fair Share:Reclaiming Power in the Sharing Economy* (RSA 2016), 9–10.

38 Lyft,‘Home page’, http://www.lyft.com,archived at https://perma.cc/897C-8HFL

39 Favor,‘Frequently asked questions’, https://favordelivery.com/faq/, archived at https://perma.cc/642G-SC7D

40 Natasha Singer,‘In the sharing economy, workers find both freedom and uncertainty’, *The New York Times* (16 August 2014),

http://www.nytimes.com/2014/08/17/technology/in-the-sharing-economy-workers-find-both-freedom-and-uncertainty.html,archived at https://perma.cc/A4A2-Y9CX

41 Share the World's Resources, 'Sharing locally and nationally', http://www.sharing.org/what-is-economic-sharing/sharing-locally-nationally, archived at https://perma.cc/WSR8-3Z3B

42 Natasha Singer, 'Twisting words to make "sharing" apps seem selfless', *The New York Times* (8 August 2015), http://www.nytimes.com/2015/08/09/technology/twisting-words-to-make-sharing-apps-seem-selfless.html?_r=0, archived at https://perma.cc/43BB-4YVL

43 Sarah O'Connor,"The gig economy is neither 'sharing' nor 'collaborative' ", *Financial Times* (14 June 2016), http://www.ft.com/content/8273edfe-2c9f-11e6-a18d-a96ab29e3c95,archived at https://perma.cc/7CY8-NCVR. 欧盟近期发布的一份报告指出，公众甚至部分学术成果的争议，呈现出两极化的态势。一方面，有些言论充满激情，从社会生态上将零工经济提升为一种可持续的替代方案，用它来取代以货币市场为基础的交易。另一方面，同样富有激情的商业驱动营销为商业化的共享经济平台摇旗呐喊。详情可参见：Cristiano Codagnone and Bertin Martens, 'Scoping the sharing economy:origins, definitions, and regulatory issues' (2016) JRC *Technological Reports Digital Economy Working Paper* No. 2016/01, 23)

44 Bla Bla Car, 'Frequently asked questions', http://www.blablacar.co.uk/faq/question/how-do-i-set-my-price,archived at https://perma.cc/9WA9-RTUF

45 Blancride, 'BlancRiders', https://blancride.com/blancriders,archived at https://perma.cc/AX3C-EDXE

46 Tom Slee, *What's Yours is Mine: Against the Sharing Economy* (O/R Books 2015), 10.

47 Sarah Butler, "Deliveroo accused of 'creating vocabulary' to avoid calling couriers employees", *The Guardian* (5 April 2017), http://www.theguardian.com/business/2017/apr/05/deliveroo-couriers-employees-managers,archived at https://perma.cc/XW66-CAE5;

Sarah O'Connor, "Deliveroo pedals the new language of the gig economy", *Financial Times* (5 April 2017), http://www.ft.com/content/9ad4f936-1a26-11e7-bcac-6d03d067f81f,archived at https://perma.cc/KY7L-YZ6F

48 TaskRabbit, 'Featured tasks', http://www.taskrabbit.com/m/featured,archived at https://perma.cc/RZY2-BGCP (emphasis added).

49 TaskRabbit, 'Terms of service', http://www.taskrabbit.com/terms, archived at https://perma.cc/S6ZM-VXUS. 美国同行 (http://www.taskrabbit.co.uk/terms,archived at https://perma.cc/XTH7-Q8V4) 试图从根本上建立相应的法律框架。我们将会在第 5 章中再次对这些条款进行法律分析。

50 Julia Tomassetti, 'Does Uber redefine the firm? The postindustrial corporation and advanced information technology' (2016) 34(1) *Hofstra Labor and Employment Law Journal* 239, 293:

优步和来福车将自己提供的服务内容从出行升华为算法、程序和技术管理。"平台"的比喻把优步和来福车从主体转化为载体，可以想象成一个被动的载体，供主动的代理人加入，也就是司机和乘客。例如，来福车认为，司机的"差评是乘客打的，并非来福车。优步指出，控制司机工作的是乘客，并非是优步。两家企业一唱一和，将自己描述成一台中立的机器"……我们还见过更具地方性的术语，以美国为例，独立服务方申报所得税后，当地出现了针对"1099 经济"的讨论。

51 Izabella Kaminska, 'Employers rely on euphemisms to hide gig economy realities', *Financial Times* (6 April 2017), http://www.ft.com/content/a5709f84-1ab3-11e7-bcac-6d03d067f81f, archived at https://perma.cc/RH7S-E6EG

52 *Aslam and Farrar v Uber*, Case No. ET/2202550/2015, 28 October 2015 (London Employment Tribunal), [87]. Uber is appealing the finding.

53 Ibid.

54 'There's an app for that', *The Economist* (30 December 2014), http://www.economist.com/news/briefing/21637355-freelance-workers-available-moments-notice-will-reshape-nature-companies-

and, archived at https://perma.cc/DS63-TKKG

55 James Silver, 'The sharing economy:a whole new way of living' , *The Guardian* (4 August 2013), http://www.theguardian.com/technology/2013/aug/04/internet-technology-fon-taskrabbit-blablacar, archived at https://perma.cc/8KL4-AQJW

56 Natasha Singer, 'In the sharing economy, workers find both freedom and uncertainty' , *The New York Times* (16 August 2014), http://www.nytimes.com/2014/08/17/technology/in-the-sharing-economy-workers-find-both-freedom-and-uncertainty.html, archived at https://perma.cc/A4A2-Y9CX

57 Ibid.

58 EY,*Global Generations:A Global Study on Work Life Challenges across Generations* (EY 2015), http://www.ey.com/Publication/vwLUAssets/EY-global-generations-a-global-study-on-work-life-challenges-across-generations/$FILE/EY-global-generations-a-global-study-on-work-life-challenges-across-generations.pdf, archived at https://perma.cc/W2NH-2G3T;PricewaterhouseCoopers (PwC), *Workforce of the Future:The Competing Forces Shaping 2030* (PWC 2017), http://www.pwc.com/gx/en/managing-tomorrows-people/future-of-work/assets/reshaping-the-workplace.pdf,archived at https://perma.cc/9JU3-NXFK

59 Debbie Wosskow,*Unlocking the Sharing Economy:An Independent Review* (BIS 2014), 5.

60 RStreet, 'Map of ridesharing laws' , http://www.rstreet.org/tnc-map/, archived at https://perma.cc/4QCU-9SNN

61 Heather Somerville and Dan Levine, 'Exclusive: US states pass laws backing Uber's view of drivers as contractors' , *Reuters* (10 December 2015), http://www.reuters.com/article/us-uber-statelaws-idUSKBN0TT2MZ20151210, archived at https://perma.cc/PB5L-NM8Y;see also Douglas MacMillan, 'Uber laws:a primer on ridesharing regulations' , *The Wall Street Journal* (29 January 2015), http://blogs.wsj.com/digits/2015/01/29/uber-laws-a-primer-on-ridesharing-regulations/,archived at https://perma.cc/2RUQ-M3QH

62 Ohio 131st General Assembly,Substitute House Bill No. 237, § 1, 10–11.

63 Indiana 119th General Assembly,House Enrolled Act No. 1278, § 4 (1).

64 Texas House Bill No. 1733, § 1 (http://www.legis.state.tx.us/tlodocs/84R/billtext/html/HB01733F.htm,archived at https://perma.cc/DV3P-YZGH).

65 North Carolina,General Assembly Session 2015, *Session Law* 2015-237, Senate Bill 541, § 1, 5.

66 European Commission, *Communication from the Commission to the European Parliament, the Council, the European Economic and Social Committee and the Committee of the Regions:A European Agenda for the Collaborative Economy* (COM (2016) 356 final), 6, 11–13. 欧盟法院总检察长 (The Advocate General of the Court of Justice of the European Union) 反对这一看法，可参见 Case C-434/15 Asóciacion Profesional Elite Taxi v Uber Systems Spain SL (Opinion of AG Szpunar, 11 May 2017). My initial analysis can be found at Jeremias Prassl, ‘Uber:the future of work. . . or just another taxi company?’, *Oxford Business Law Blog* (16 May 2017), http://www.law.ox.ac.uk/business-law-blog/blog/2017/05/uber-future-work…-or-just-another-taxi-company,archived at https://perma.cc/NER8-3CY7

67 Seth Harris and Alan Krueger, ‘A proposal for modernizing labor laws for twenty-first century work:the “independent worker”’ (2015) *Hamilton Project Discussion Paper* No. 2015–10.

68 *Cotter et al. v. Lyft Inc.*, Case No. 13-cv-04065-VC (ND Cal., March 16, 2017), 19, 美国联邦地区法官文斯·查布里亚 (Vince Chhabria) 否决了一项即决审判的交叉动议。

69 Seth Harris and Alan Krueger, ‘A proposal for modernizing labor laws for twenty-first century work:the “independent worker”’ (2015) *Hamilton Project Discussion Paper* No. 2015–10,17. 这些并非个案，可见：Arun Sundararajan, *The Sharing Economy:The End of Employment and the Rise of Crowd-based Capitalism* (MIT Press 2016), 182, 作者发表了类似看法，认为“将来的诉讼可能真的会阻止服务方取得由平台出资提供的福利”。

70 Molly Cohen and Arun Sundararajan, 'Self-regulation and innovation in the peer-to-peer sharing economy' (2015) 82(1) *Chicago University Law Review Dialogue* 116, 117.

第3章

1 Spera, *Freedom Economy Report 2016* (Lehi 2016), 6.

2 James Silver, 'The sharing economy: a whole new way of living', *The Guardian* (4 August 2013), http://www.theguardian.com/technology/2013/aug/04/Internet-technology-fon-taskrabbit-blablacar,archived at https://perma.cc/8KL4-AQJW

3 The original release could be found at https://newsroom.uber.com/an-uber-impact-20000-jobs-created-on-the-uber-platform-every-month-2/. 相关报道可参见 http://www.businesswire.com/news/home/20140527005594/en/Uber-Impact-20000-Jobs-Created-Uber-Platform,archived at https://perma.cc/46LG-YJ74

4 Brhmie Balaram, *Fair Share:Reclaiming Power in the Sharing Economy* (RSA 2016), 42.

5 当然，需求方和服务方可以直接签订合同，但你从服务员那里点餐的做法，并不会把那名服务员变成独立创业者。

6 Frederick W. Taylor, *The Principles of Scientific Management* (Harper & Brothers 1919).

7 TaskRabbit, 'Summer tasks', http://www.taskrabbit.co.uk/m/summer-tasks,archived at https://perma.cc/49G5-3TPP; 'Digital Taylorism', *The Economist* (10 September 2015), http://www.economist.com/news/business/21664190-modern-version-scientific-management-threatens-dehumanise-workplace-digital,archived at https://perma.cc/97U5-FGBF

8 TaskRabbit, 'Terms of service', Introduction and clause 1, http://www.taskrabbit.co.uk/terms,archived at https://perma.cc/WX39-9PJE

9 Uber, 'US terms of use', clause 2, http://www.uber.com/legal/terms/us/, archived at https://perma.cc/4QCV-CB3R. 2017 年春季曾进行过一次更新，相关描述现在可以在第三条中找到：

> 该服务包括移动应用程序和相关服务，使用户能够安排

运输、物流和/或快递服务的方式和时间，和/或购买某些商品，包括按照优步或优步的某些附属公司（“第三方供应商”）的协议，用第三方供应商提供此类服务和商品。

10 George Akerlof,“The market for ‘lemons’ :qualitative uncertainty and the market mechanism” (1970) 84 (3) *Quarterly Journal of Economics* 488.

11 Tom Slee, *What's Yours is Mine:Against the Sharing Economy* (O/R Books 2015).

12 Ibid., 100–1.

13 Ibid. 优步的内部文件证实了这一点，该文件表明，2014 年，不到 3% 的司机由于评级低于 4.6 分（满分为 5 分），“面临被冻结账号的风险”，可参见 James Cook, ‘Uber's internal charts show how its driver-rating system actually works’ , *Business Insider UK* (11 February 2015), http://uk.businessinsider.com/leaked-charts-show-how-ubers-driver-rating-system-works-2015–2, archived at https://perma.cc/5UPM-SWFN. 有人可能认为，这是由于评级制度的压力，使司机队伍处于高标准要求之下，将业绩较低的那群人被排除在市场之外。然而，正如斯莱所解释的那样，情况并非如此：J- 曲线评级分布中，几乎所有数据点都在量表的高端，就像那些共享经济的信用系统一样，每当人们相互打分时，就会出现类似情况。可参见 Tom Slee, *What's Yours is Mine:Against the Sharing Economy* (O/R Books 2015), 101).

14 算法控制机制的运作与牛津大学及纽约大学政治哲学家史蒂文·卢克斯（Steven Lukes）指出的“最有效且最阴险的权力使用”极为相符。他认为，可以通过多种方式实现对某一情况的控制，“无论是通过社会力量和机构实践的运作，还是通过个人的决策”：

> 对于这件事，A 可以通过让 B 做他不想做的事，来行使对 B 的权力，但他也通过影响、塑造或决定他的需求，来行使对 B 的权力。事实上，难道这不是行使了最高权力……将你之所欲施于他人吗？也就是说，通过控制他们的思想和欲望来确保他们对你的服从。

详情可参见 Steven Lukes, *Power:A Radical View* (Palgrave 2005), 27

15 Alex Rosenblat and Luke Stark, 'Algorithmic labor and information asymmetries:a case study of Uber's drivers' (2016) 10 *International Journal of Communication* 3758, 3775.

16 Ibid.

17 Ibid., 3772 (citations omitted).

18 *Douglas O'Connor v Uber Technologies Inc.*,82 F.Supp. 3d 1133, 1151–2 (ND Cal. 2015)

19 Ibid., citing Michel Foucault, *Discipline and Punish:The Birth of the Prison* (ed. Alan Sheridan, Vintage Books 1979), 201.

20 'Adventures of a first-time TaskRabbit', *LonePlacebo* (22 July 2014), http://loneplacebo.com/adventures-of-a-first-time-taskrabbit/,archived at https://perma.cc/MNG7-QZWR;Tenielle, 'A safe ride from A to B', *Uber Newsroom* (16 July 2015), https://newsroom.uber.com/australia/ubersafeau/, archived at https://perma.cc/CM9X-HXYS. 所需信息可以包括财务细节和社会保障号码，既可以确保筛查全面，还能避免已被解雇的服务方进行双重登记。一些平台向用户或服务方收取特殊的审查费。有关优步目前的筛选政策，可参见 https://newsroom.uber.com/details-on-safety/,archived at https://perma.cc/94T6-XHTC

访问可能会被拒，并没有什么特别的原因，看起来像武断的决定。我的一个学生注册 MTurk 平台时，她很快就被拒绝了，并被告知："我们的账户审查标准受专利保护，我们不能透露您的注册申请被拒绝的原因。如果我们的邀请标准发生了变化，未来您可能会受邀完成注册。"几周后，在没有采取任何进一步行动的情况下，她被神秘地录取了。

21 Alex Rosenblat and Luke Stark, 'Algorithmic labor and information asymmetries:a case study of Uber's drivers' (2016) 10 *International Journal of Communication* 3758, 3761, 3762, 3766.

22 Doug H, 'Fired from Uber:why drivers get deactivated,and how to get reactivated', *Ride Sharing Driver* (21 April 2016), http://www.ridesharingdriver.com/fired-uber-drivers-get-deactivated-and-reactivated/,archived at https://perma.cc/3MQL-4TWD; Kari Paul, 'The new system Uber is implementing at airports has

some drivers worried’, *Motherboard* (13 April 2015), http://motherboard.vice.com/read/the-new-system-uber-is-implementing-at-airports-has-some-drivers-worried,archived at https://perma.cc/CV8P-EM7U; ‘10 minute timeout’,*Uber People* (1 March 2016), http://uberpeople.net/threads/10-minute-timeout.64032/, archived at https://perma.cc/AS3C-94EP. 在美国近期的一份协议中，现在司机享有的透明性略微有所改善，但他们也公开表示，评分合格率低依然会造成账户被暂时冻结。可参见 Uber, ‘Uber community guidelines’, http://www.uber.com/legal/deactivation-policy/us/, archived at https://perma.cc/8MR4-GFDL. In other cities, temporary deactivation has been replaced by a simple logout.

23 Alex Rosenblat and Luke Stark, ‘Algorithmic labor and information asymmetries: a case study of Uber’s drivers’ (2016) 10 *International Journal of Communication* 3758, 3768.

24 Upwork, ‘How it works’, http://www.upwork.com/i/howitworks/client/, archived at https://perma.cc/9GM9-MLHF; Upwork, ‘A freelancer’s guide to Upwork’, 8, 16,https://content-static.upwork.com/blog/uploads/sites/3/2016/06/22094641/Freelancer-Guide.pdf,archived at https://perma.cc/5A4Y-PFE9

25 Uber, ‘My driver took a poor route’, https://help.uber.com/h/0487f360-dc56–4904-b5c9–9d3f04810fa9,archived at https://perma.cc/6QLJ-XC9C;James Cook, ‘Uber’s internal charts show how its driver-rating system actually works’, *Business Insider UK* (11 February 2015), http://uk.businessinsider.com/leaked-charts-show-how-ubers-driver-rating-system-works-2015–2, archived at https://perma.cc/5UPM-SWFN; Uber, ‘Uber + Pandora’, https://www.uber.com/drive/music/, archived at https://perma.cc/3SCK-FRT2; Ryan Lawler, ‘Lyft sheds some of its quirks as it seeks new users’, *TechCrunch* (30 November 2014), https://techcrunch.com/2014/11/30/lyft-quirks/,archived at https://perma.cc/2QYB-4VZX

26 ‘How TaskRabbit works:insights into business & revenue model’, *Juggernaut* (10 August 2015), http://nextjuggernaut.com/blog/how-task-rabbit-works-insights-into-business-revenue-model/, archived

at https://perma.cc/74ZE-KR4Z

27 Amazon MTurk, 'Amazon Mechanical Turk participation agreement', clause 3(b), http://www.mturk.com/mturk/conditionsofuse, archived at https://perma.cc/6XKA-6QFL

28 Upwork, 'How it works', http://www.upwork.com/i/howitworks/client/,archived at https://perma.cc/9GM9-MLHF; Andrew Beinstein and Ted Sumers, 'How Uber Engineering increases safe driving with telematics' *Uber Engineering* (29 June 2016), https://eng.uber.com/telematics/, archived at https://perma.cc/E82S-37NQ

29 TaskRabbit, 'Frequently asked questions', https://support.taskrabbit.com/hc/en-us/articles/204409560-Can-I-leave-a-review-for-my-Client-,archived at https://perma.cc/K6DR-BV86

30 Andrew Callaway, 'Apploitation in a city of instaserfs:how the "sharing economy" has turned San Francisco into a dystopia for the working class', *The Magazine* (1 January 2016), http://www.policyalternatives.ca/publications/monitor/apploitation-city-instaserfs, archived at https://perma.cc/AP9Z-TZ5J

31 Alyson Shontell, 'My nightmare experience as a TaskRabbit drone', *Business Insider* (7 December 2011), http://www.businessinsider.com/confessions-of-a-task-rabbit-2011-12? IR=T, archived at https://perma.cc/7EYK-86QR

32 Ibid.

33 Crowdflower, 'Crowdsourced content moderation', https://success.crowdflower.com/hc/en-us/article_attachments/201062449/CrowdFlower_Skout_Case_Study.pdf,archived at https://perma.cc/4MY4-AAFX

34 Adrian Chen, 'The labourers who keep dick pics and beheadings out of your Facebook feed', *Wired* (23 October 2014), http://www.wired.com/2014/10/content-moderation/, archived at https://perma.cc/4CJG-UDMT

35 Andrew Callaway, 'Apploitation in a city of instaserfs:how the "sharing economy" has turned San Francisco into a dystopia for the working class', *The Magazine* (1 January 2016), http://www.policyalternatives.ca/publications/monitor/apploitation-city-

instaserfs,archived at https://perma.cc/AP9Z-TZ5J

36 Bill Gurley, ‘A deeper look at Uber’s dynamic pricing model’, *Above the Crowd* (11 March 2014), http://abovethecrowd.com/2014/03/11/a-deeper-look-at-ubers-dynamic-pricing-model/, archived at https://perma.cc/9JRL-F96W. 就在不久前，某些地方开始使用“路线计价法”(route-based pricing)，引发媒体关注，可见 Eric Newcomer, ‘Uber starts charging what you’re willing to pay’, *Bloomberg* (19 May 2017), https://www.bloomberg.com/news/articles/2017-05-19/uber-s-future-may-rely on-predicting-how-much-you-re-willing-to-pay, archived at https://perma.cc/4J3M-WKXM

37 ‘The “X” rejection and feedback on HITs’, *Turk Requesters* (30 January 2015), http://turkrequesters.blogspot.co.uk/2015/01/the-x-rejection-and-feedback-on-hits.html, archived at https://perma.cc/A2BK-XT6L; Amazon MTurk, ‘Amazon Mechanical Turk participation agreement’, clause 3(f), http://www.mturk.com/mturk/conditionsofuse, archived at https://perma.cc/6XKA-6QFL; see also Julian Dobson, ‘Mechanical Turk:Amazon’s new underclass’,*Huffington Post* (21 April 2013), http://www.huffingtonpost.com/julian-dobson/mechanical-turk-amazons-underclass_b_2687431.html,archived at https://perma.cc/9GGZ-5PL5. (如果你认为自己被剥削了，或是被欺诈了，你不能起诉。)

38 Amazon MTurk, ‘Worker web site FAQs’, http://www.mturk.com/mturk/help? helpPage=worker#how_paid, archived at https://perma.cc/U9TL-MC6K

39 Steven Hill,*Raw Deal* (St Martin’s Press 2015), 11.

40 Mariano Mamertino of economics consultancy Indeed, as cited in Recruitment and Employment Confederation (REC), *Gig Economy:The Uberisation of Work* (REC 2016), 52.

41 Elance-Odesk, *Annual Impact Report* (Elance-Odesk 2014), 23, https://blog-static.odesk.com/content/Elance-oDeskAnnualImpactReport2014.pdf, archived at https://perma.cc/48BE-G7U7; Lilly Irani and M. Six Silberman, ‘Turkoptico n:interrupting worker invisibility in Amazon Mechanical Turk’

(2013) CHI 2013, Changing Perspectives, Paris, France; 'Is digital expert knowledge facing a race to the bottom?', *a-connect* (undated), http://www.a-connect.com/acknowledge/is-digital-expert-knowledge-facing-a-race-to-the-bottom/,archived at https://perma.cc/8ZJ3-P3X4. 这与世界银行进行的调查相符，据估计，在 Elance-oDesk [现更命名为 Upwork 或自由职业网 (Freelancer.com)] 上典型的在线自由职业者每周工作 20~40 个小时，月收入为 200~750 美元，其中只有"一小部分高技能服务方……的月收入能达到 3000 美元"。可参见 Siou Chew Kuek, Cecilia Paradi-Guilford, Toks Fayomi, Soari Imaizumi, and Panos Ipeirotis, 'The Global Opportunity in Online Outsourcing' (World Bank 2015), 42, http://www.ipeirotis.com/wp-content/uploads/2015/05/The-World-Bank-The-Global-Opportunity-in-Online-Outsourcing.pdf,archived at https://perma.cc/2AGP-TME6

42 Amazon MTurk, 'Amazon Mechanical Turk pricing', https://requester.mturk.com/pricing, archived at https://perma.cc/58T4-BUE7; Panagiotis Ipeirotis, 'Analyzing the Amazon Mechanical Turk marketplace' (2010) 17(2) XRDS 16, http://dl.acm.org/citation.cfm? id=1869094, archived at https://perma.cc/8C4M-74M8

43 Ibid., 19; Paul Hitlin, *Research in the Crowdsourcing Age: A Case Study* (Pew Research Center 2016), 8, http://assets.pewresearch.org/wp-content/uploads/sites/14/2016/07/PI_2016.07.11_Mechanical-Turk_FINAL.pdf, archived at https://perma.cc/38NZ-97C4

44 Barrie Clement, "Burger King pays £106,000 to staff forced to 'clock off'", *The Independent* (19 December 1995), http://www.independent.co.uk/news/burger-king-pays-pounds-106000-to-staff-forced-to-clock-off-1526458.html,archived at https://perma.cc/XV3B-2WA5. 如今，根据《1998 年最低工资法案》(*Minimum Wage Act 1998*)，禁止上述做法。

45 Jonathan Hall and Alan Krueger, 'An analysis of the labor market for Uber's Driver-Partners in the United States' (2016) NBER Working Paper No. 22843, 18.

46 Ibid.,23. 如果你需要自己报税，支付国家保险，承担会计费用，协商你的个人医疗保险等，那么这些附带事宜产生的费用还会更多。

47 Johana Bhuiyan, ‘What Uber drivers really make (according to their pay stubs’, *BuzzFeed News* (19 November 2014), http://www.buzzfeed.com/johanabhuiyan/what-uber-drivers-really-make-according-to-their-pay-stubs? utm_term=.wwB0BDk1w#.rcMr8qAnb,archived at https://perma.cc/4JSB-M9FD

48 ‘New Uber Drivers pay down by £1 per hour’, *GMB Newsroom* (24 November 2015). http://www.gmb.org.uk/newsroom/new-uber-drivers-pay-down-by-one-pound,archived at https://perma.cc/55MD-RV3U

49 Jonathan Hall and Alan Krueger, ‘An analysis of the labor market for Uber's Driver-Partners in the United States’ (2016) NBER Working Paper No. 22843, 11.

50 M. Six Silberman, *Human-centered Computing and the Future of Work:Lessons from the Mechanical Turk and Turkopticon*, 2008–2015 (PhD dissertation, University of California Irvine 2015), 3, http://wtf.tw/text/lessons_from_amt_and_turkopticon_summary.pdf, archived at https://perma.cc/2WN3-D7F5

51 TaskRabbit, *The TaskRabbit Handbook* (on file with author), 9; Task Rabbit, ‘Community guidelines’, https://support.taskrabbit.com/hc/en-us/articles/204409440-TaskRabbit-Community-Guidelines, archived at https://perma.cc/VX4Q-77CT; Josh Dzieza, ‘The rating game:how Uber and its peers turned us into horrible bosses’, *The Verge* (28 October 2015), http://www.theverge.com/2015/10/28/9625968/rating-system-on-demand-economy-uber-olive-garden,archived at https://perma.cc/CVU4-GEV7; Benjamin Sachs, ‘Uber and Lyft:customer reviews and the right to control’, *On Labor* (20 May 2015), http://onlabor.org/2015/05/20/uber-and-lyft-customer-reviews-and-the-right-to-control/, archived at https://perma.cc/9TNM-Y95X

52 Josh Dzieza, ‘The rating game:how Uber and its peers turned us into horrible bosses’, *The Verge* (28 October 2015), http://www.theverge.com/2015/10/28/9625968/rating-system-on-

demand-economy-uber-olive-garden, archived at https://perma.cc/CVU4-GEV7

53 TaskRabbit, 'The TaskRabbit elite' , http://www.taskrabbit.co.uk/taskrabbit-elite, archived at https://perma.cc/P2FE-GLM2; Panos Ipeirotis, 'Mechanical Turk changing the defaults:the game has changed' , *Behind the Enemy Lines* (5 December 2012), http://www.behind-the-enemy-lines.com/2012/12/mechanical-turk-changing-defaults-game.html, archived at https://perma.cc/8G73-PYWF

54 Alex Rosenblat and Luke Stark, 'Algorithmic labor and information asymmetries:a case study of Uber's drivers' (2016) 10 *International Journal of Communication* 3758, 3763.

55 Daniel Tomlinson of the UK's Resolution Foundation,as cited in REC,*Gig Economy:The Uberisation of Work* (REC 2016), 53.

56 Greg Harman, 'The sharing economy is not as open as you might think' , *The Guardian* (12 November 2014), http://www.theguardian.com/sustainable-business/2014/nov/12/algorithms-race-discrimination-uber-lyft-airbnb-peer,archived at https://perma.cc/DZ8S-D8SL

57 Doug H, 'Fired from Uber:why drivers get deactivated,and how to get reactivated' , *Ride Sharing Driver* (21 April 2016), http://www.ridesharingdriver.com/fired-uber-drivers-get-deactivated-and-reactivated/, archived at https://perma.cc/3MQL-4TWD

58 Amazon MTurk, 'Amazon Mechanical Turk participation agreement' , clause 11, http://www.mturk.com/mturk/conditionsofuse,archived at https://perma.cc/6XKA-6QFL;Dynamo, 'MTurk suspensions' , http://www.wearedynamo.org/suspensions, archived at https://perma.cc/SH8S-VAHW

59 John Arlidge, 'We want it all now—but at what price?' , *Sunday Times Magazine* (10 July 2016), 13.

60 Mariano Mamertino of economics consultancy Indeed, as cited in REC, *Gig Economy:The Uberisation of Work* (REC 2016), 52.

61 Caroline O'Donovan, 'Changes to Amazon's Mechanical Turk platform could cost workers' , *BuzzFeed News* (23 June

2015), http://www.buzzfeed.com/carolineodonovan/changes-to-amazons-mechanical-turk-platform-could-cost-worke? utm_term=.cvjLONY4q0#.ruxM6v1r5a,archived at https://perma.cc/6HHS-BELG

62 Upwork, 'Freelancer service fees', https://support.upwork.com/hc/en-us/articles/211062538-Freelancer-Service-Fees, archived at https://perma.cc/63CH-LA7F

63 Uber, 'Need help?', https://help.uber.com/h/8ba64dc9-a85b-4923–8277-c0e813395d79, archived at https://perma.cc/A29G-AKDD

64 Noam Scheiber, 'Uber drivers and others in the gig economy take a stand', *The New York Times* (2 February 2016), http://www.nytimes.com/2016/02/03/business/uber-drivers-and-others-in-the-gig-economy-take-a-stand.html?partner=rssnyt&emc=rss&_r=3, archived at https://perma.cc/3VC9-HRG8

65 Ibid.

66 Casey Newton, 'TaskRabbit is blowing up its business and becoming the Uber for everything', *The Verge* (17 June 2014), http://www.theverge.com/2014/6/17/5816254/taskrabbit-blows-up-its-auction-house-to-offer-services-on-demand,archived at https://perma.cc/5E5V-Q8KE; Harrison Weber, 'TaskRabbit users revolt as the company shuts down its bidding system', *Venture Beat* (10 July 2014), http://venturebeat.com/2014/07/10/taskrabbit-users-revolt-as-the-company-shuts-down-its-bidding-system/,archived at https://perma.cc/5E7M-NMZW

67 Sean Farrell and Hilary Osborne, 'Deliveroo boss says sorry for pay dispute', *The Guardian* (15 August 2016), http://www.theguardian.com/business/2016/aug/15/deliveroo-boss-says-sorry-for-pay-dispute,archived at https://perma.cc/5PYH-NCGP

68 Alex Rosenblat and Luke Stark, 'Algorithmic labor and information asymmetries:a case study of Uber's drivers' (2016) 10 *International Journal of Communication* 3758, 3764.

69 Alison Griswold, 'This is the script Uber is using to make anti-union phone calls to drivers in Seattle', *Quartz* (22 February

2016), http://qz.com/621977/this-is-the-script-uber-is-using-to-make-anti-union-phone-calls-to-drivers-in-seattle/, archived at https://perma.cc/ENZ8-8FHW

70 Steven Greenhouse, 'On demand,and demanding their rights', *The American Prospect Magazine* (28 June 2016), http://prospect.org/article/demand-and-demanding-their-rights, archived at https://perma.cc/CMB2-W8QT

71 TaskRabbit, *The TaskRabbit Handbook* (on file with author), 15.

72 TaskRabbit, https://support.taskrabbit.com/hc/en-us/articles/207814456, archived at https://perma.cc/WS63-FUQN

73 Work and Pensions Committee, *Written Evidence:Self-employment and the Gig Economy* (HC 847 2016–17), extract from Deliveroo contract, http://www.parliament.uk/documents/commons-committees/work-and-pensions/Written_Evidence/Extract-from-Deliveroo-contract.pdf, archived at https://perma.cc/Q3UF-QNXZ;Hilary Osborne, 'Deliveroo workers' contracts ban access to employment tribunals', *The Guardian* (25 July 2016), http://www.theguardian.com/law/2016/jul/25/deliveroo-workers-contracts-ban-access-to-employment-tribunals?CMP=share_btn_tw, archived at https://perma.cc/9TTH-989J;Shona Ghosh, 'Deliveroo will drop a clause in its contracts that banned couriers from employment tribunals', *Business Insider* (22 February 2017), http://www.businessinsider.com/deliveroo-will-no-longer-forbid-employment-tribunals-in-its-contract-2017–2? r=UK&IR=T&utm_content=bufferd6321&utm_medium=social&utm_source=twitter.com&utm_campaign=buffer,archived at https://perma.cc/R998-SAGS

74 Katherine Stone, 'Uber and arbitration:a lethal combination', *Economic Policy Institute* (24 May 2016), http://www.epi.org/blog/uber-and-arbitration-a-lethal-combination/, archived at https://perma.cc/NM89-AC52. 优步的新条款要求服务方：

……同意，因本条款或与本条款相关内容产生的或因违反、终止、执行、解释本服务协议或针对其有效性或使用而产生的任何争端、索赔或争议，（以下统称为“争议”），将通过你和优步之间的有约束力的仲裁来解决。

他们还被要求放弃“由陪审团审判，或以原告或集体原告身份参与任何被称作集体诉讼或代理程序的权利”，可参见 Uber, ‘US terms of use’, clause 2 (‘Arbitration Agreement’), http://www.uber.com/legal/terms/us/,archived at https://perma.cc/4QCV-CB3R.’优步的律师们认为上述词汇“万无一失”，“最先进的，好处多多”。可参见 Joel Rosenblat, ‘How gig economy is using private arbitration to win on labor classification’, *Insurance Journal* (6 June 2016), http://www.insurancejournal.com/news/national/2016/06/06/410983.htm,archived at https://perma.cc/94CR-3ZW7

75 Upwork, ‘Freelancer service fees’, https://support.upwork.com/hc/en-us/articles/211062538-Freelancer-Service-Fees, archived at https://perma.cc/424S-BBUC

76 经济学家将其称为“转换费用”(cost of switching)，用来说明随之产生的漏洞。可参见 Paul Klemperer, ‘Competition when consumers have switching costs’ (1995) 62(4) *Review of Economic Studies* 515.

77 Jonathan Hall and Alan Krueger, ‘An analysis of the labor market for Uber's Driver-Partners in the United States’ (2016) NBER Working Paper No. 22843, 16.

78 Eric Newcomer and Olivia Zaleski, ‘Inside Uber's auto-lease machine,where almost anyone can get a car’, *Bloomberg* (31 May 2016), http://www.bloomberg.com/news/articles/2016–05–31/inside-uber-s-auto-lease-machine-where-almost-anyone-can-get-a-car,archived at https://perma.cc/6WFZ-SJ88

79 ‘Why is the vehicle leasing program for Uber drivers so expensive?’, *Quora* (undated), https://www.quora.com/Why-is-the-vehicle-leasing-program-for-Uber-drivers-so-expensive,archived at https://perma.cc/R4XL-NURP; Leslie Hook, ‘Uber hitches a ride with car finance schemes’, *Financial Times* (11 August 2016), http://www.ft.com/content/921289f6–5dd1–11e6-bb77-a121aa8abd95, archived at https://perma.cc/ULZ7-QGMZ

80 Jia Tolentino, 'The gig economy celebrates working yourself to death', *The New Yorker* (22 March 2017), http://www.newyorker.com/culture/jia-tolentino/the-gig-economy-celebrates-working-yourself-to-death,archived at https://perma.cc/JX8G-37QX

第4章

1 Hans C. Andersen,*Keiserens nye klæder* (tr. Jean Hersholt), http://www.andersen.sdu.dk/vaerk/hersholt/TheEmperorsNewClothes_e.html, archived at https://perma.cc/Y7T2-8ML9

2 Matthew Hancock, 'Foreword by Minister of State for Business, Enterprise and Energy', in Debbie Wosskow,*Unlocking the Sharing Economy:An Independent Review* (BIS 2014), 5.

3 Steve Case, *The Third Wave: An Entrepreneur's Vision of the Future* (Simon & Schuster 2016).

4 Erin Barry,"Uber, Lyft effect on economy show work 'innovation':case", CNBC (17 April 2016), http://www.cnbc.com/2016/04/15/uber-lyft-effect-on-economy-show-work-innovation-case.html,archived at https://perma.cc/LDF5-5Y4E

5 Arun Sundararajan, *The Sharing Economy:The End of Employment and the Rise of Crowd-based Capitalism* (MIT Press 2016), 69.

6 Ibid., 70.

7 Ibid., 72.

8 Ibid., 73.

9 Ibid., 77.

10 Ibid., 172.

11 Ibid., 173.

12 散工制可能是英语地区特有的表达方式。它可能是德语"Verlagssytem"一词的英文翻译。

13 Duncan Bythell, *The Sweated Trades:Outwork in Nineteenth-century Britain* (St Martin's Press 1978).

14 Matthew Finkin, 'Beclouded work,beclouded workers in historical perspective' (2016) 37 (3) *Comparative Labor Law & Policy Journal* 603, citing Prabin Baishya, 'The putting out system in Ancient India' (1997) 25 *Social Scientist* 51.

15 See Matthew Finkin, 'Beclouded work,beclouded workers in historical perspective' (2016) 37 (3) *Comparative Labor Law & Policy Journal* 603; Susan Kitchell, 'Tonya, the Japanese wholesalers:why their domination position' (1995) 15 (1) *Journal of Macromarketing* 21; J Lautner, *Altbabylonische Personenmiete und Erntarbeiterverträge* (1936) 164.

16 Select Committee on Homework, *Reports of the Select Committee on Homework* (HC 290–IV, 1907–08), xxv. 类似的绝不仅限于历史上的先例：不妨试想一下 20 世纪的外包和全球供应链。

17 Arun Sundararajan, *The Sharing Economy:The End of Employment and the Rise of Crowd-based Capitalism* (MIT Press 2016), 159–75.

18 举个例子，尝试对服装生产进行这种眼花缭乱的描述：

> 要修补衣服，把它交给裁缝粗缝，便于试穿；之后，由"机器操作者"用机器完成主缝；再由修理工固定肩缝、领子和袖子；再交回裁缝去缝纫；最后一个人负责内衬、缝扣子和扣眼。然后，这件衣服准备好送出去"熨烫"，再经过一个修理工最终检查后，成品被送回商店。

可参见 Barbara Drake, 'The West End tailoring trade' , in Sidney Webb and Arnold Freeman (eds), *Seasonal Trades*, Constable 1912, 78–9

19 Select Committee of the House of Lords on the Sweating System, *Reports of the Select Committee on the Sweating System* (HL 361–XX, 1887–88), Q 1772 (Mr Lewis Lyons) .

20 James Schmiechen, *Sweated Industries and Sweated Labor* (Croom Helm 1984), 56–7.

21 相关图像说明，可参见上一条注释。

22 Henry Mayhew, *The Morning Chronicle Survey of Labour and the Poor*, Vol. 2 (Routledge 2016), 95, 143–5.

23 Anne-Sylvaine Chassany, 'Uber:a route out of the French banlieus' , *Financial Times* (3 March 2016), https://www.ft.com/content/bf3d0444-e129-11e5-9217-6ae3733a2cd1, archived at https://perma.cc/78JC-EP7Z

24 Hannah Curran, 'How a mom found professional success while

staying at home with a newborn', *Fiverr* (21 February 2017), http://blog.fiverr.com/how-a-dallas-mom-found-professional-success-while-nursing-a-newborn-baby/, archived at https://perma.cc/J2SK-4N3H

25 Ibid.

26 Henry Mayhew, *The Morning Chronicle Survey of Labour and the Poor*, Vol. 2 (Routledge 2016), 71.

27 Ibid., 72.

28 Ibid., 73.

29 Arun Sundararajan,*The Sharing Economy:The End of Employment and the Rise of Crowd-based Capitalism* (MIT Press 2016), 159–75.

30 Duncan Bythell, *The Sweated Trades:Outwork in Nineteenth-century Britain* (St Martin's Press 1978), 18–19.

31 Vernon Jensen, *Hiring of Dock Workers and Employment Practices in the Ports of New York, Liverpool,London, Rotterdam, and Marseilles* (Harvard University Press 1964) 21–2.

32 See, e.g., the story of 'blue eyes', the preferred men in the port of Liverpool:ibid., 163.

33 Ibid.,164.

34 Duncan Bythell,*The Sweated Trades:Outwork in Nineteenth-century Britain* (St Martin's Press 1978), 78.

35 James Schmiechen, *Sweated Industries and Sweated Labor* (Croom Helm 1984), 56.

36 Juliet Stuart Poyntz, 'Introduction', in Sidney Webb and Arnold Freeman (eds), *Seasonal Trades* (London:Constable 1912), 60–1, citing Mr Cyril Jackson and Rev. J. C. Pringle, *Report of the Royal Commission on the Poor Laws and Relief of Distress on the Effects of Employment or Assistance Given to the 'Unemployed' Since 1886 as a Means of Relieving Distress outside the Poor Law* (Appendix, Vol. XIX, Cd 4795, 1909), 31.

37 Ibid., 60.

38 Sidney Webb and Beatrice Webb,*Industrial Democracy*, Vol. II (Longmans 1897), 435

39 "服务方实际得到的工资……与他们的工作报价不同……造成

这种差别的原因是，‘中间人’会抽成，并扣除其他费用”。可参见 Select Committee on the Stoppage of Wages (Hosiery), *Report from the Select Committee on Stoppage of Wages* (Hosiery) (HC 421–XIV, 1854–55), iii. 议会停工委员会 (The Parliamentary Committee on Stoppages) 还发现，一般做法显然是尽可能多地招募服务方，收取支架租金，而不是将支架的数量限制在实际需要的工作量内，这造成所有服务方实际工作量只够兼职工作的标准。可参见 ibid., iii–iv. See also Commissioner Muggridge, *Reports of the Royal Commission on the Condition of the Framework Knitters* (vol. XV, HC 609, 1845), 83.

40 Vernon Jensen, *Hiring of Dock Workers and Employment Practices in the Ports of New York,Liverpool, London, Rotterdam, and Marseilles* (Harvard University Press 1964), 25; Henry Mayhew, *The Morning Chronicle Survey of Labour and the Poor*, Vol. 2 (Routledge 2016), 102–3, 117. 这跟用卡车抵薪酬的做法有联系，它是一种反竞争手段，旨在降低标准工资水平。上文提到的“抽成”往往通过间接方式实现，用某些“福利”替代工资。

41 James Schmiechen, *Sweated Industries and Sweated Labor* (Croom Helm 1984), 103.

42 Roger Lloyd-Jones and Mervyn Lewis, *Manchester and the Age of the Factory* (Croom Helm 1988), 75.

43 Barbara Drake, ‘The West End tailoring trade’, in Sidney Webb and Arnold Freeman (eds), *Seasonal Trades* (Constable 1912), 81.

44 Select Committee on Homework, *Reports of the Select Committee on Homework* (HC 290–IV, 1907–08), iii. See also Sidney Webb and Beatrice Webb, *Industrial Democracy, Vol. II* (Longmans 1897), 758.

45 James Schmiechen, *Sweated Industries and Sweated Labor* (Croom Helm 1984), 59.

46 Friedrich Engels, *The Condition of the Working Classes* (1845), as cited by Duncan Bythell, *The Sweated Trades:Outwork in Nineteenth-century Britain* (St Martin's Press 1978), 10—although note that this was not, back then,an argument in favour of equal pay. It took more than a century for challenges to the underlying

inequalities to gain real traction.

47 Duncan Bythell,*The Sweated Trades:Outwork in Nineteenth-century Britain* (St Martin's Press 1978), 163.

48 Ibid,165, shows how these efforts sometimes succeeded in convincing the workers themselves, too. Again, this is a clear parallel with on-demand work today.

49 Erin Hatton, 'The rise of the permanent temp economy' ,*The New York Times* (26 January 2013), https://opinionator.blogs.nytimes.com/2013/01/26/the-rise-of-the-permanent-temp-economy/, archived at https://perma.cc/2D7S-B68Z. Kalanick subsequently apologized: 'Travis Kalanick's Uber-apology' , *The Economist* (3 March 2017), https://www.economist.com/news/business-and-finance/21717810-many-woes-ubers-boss-travis-kalanicks-uber-apology, archived at https://perma.cc/NMN9-UV4X

50 Duncan Bythell, *The Sweated Trades:Outwork in Nineteenth-century Britain* (St Martin's Press 1978), 168,and sources cited there.

51 James Schmiechen, *Sweated Industries and Sweated Labor* (Croom Helm 1984), 102–3, 189.

52 W. B. Crump, *The Leeds Wollen Industry 1780–1820* (The Thoresby Society 1931), 25, as cited by Duncan Bythell, *The Sweated Trades:Outwork in Nineteenth-century Britain* (St Martin's Press 1978), 178.

53 Izabella Kaminska, 'The sharing economy will go medieval on you' , *Financial Times* (21 May 2015), https://ftalphaville.ft.com/2015/05/21/2130111/the-sharing-economy-will-go-medieval-on-you/,archived at https://perma.cc/GL9K-L7WZ

54 International Labour Office (ILO), *Non-standard Employment around the World:Understanding Challenges,Shaping Prospects* (ILO 2016), 2.

55 David Weil, *The Fissured Workplace:Why Work Became so Bad for so Many and What Can be Done to Improve it* (Harvard University Press 2014); David Weil, 'How to Make employment fair in an age of contracting and temp work' , *Harvard Business Review*

(24 March 2017), https://hbr.org/2017/03/making-employment-a-fair-deal-in-the-age-of-contracting-subcontracting-and-temp-work,archived at https://perma.cc/H4VG-QP59

56 Ibid.

57 Valerio de Stefano, "The rise of the 'just-in-time workforce' :on-demand work,crowdwork,and labor protection in the 'gig economy' " (2016) 37(3) *Comparative Labor Law & Policy Journal* 471.

58 Ursula Holtgrewe, 'Working in the low-paid service sector:what is to be learned from the analogue world?' , in Werner Wobbe, Elva Bova,and Catalin Dragomirescu-Gaina (eds), *The Digital Economy and the Single Market* (FEPS 2016), 100, 此文指出，这在两个方面都适用：……有些形式的工作被贬低为"不体面"，或只是出于热爱或赚"零花钱"，还有一种就业能力的观念，让服务方只有依靠不稳定且可能很大的前期投资，才能进入劳动力市场。

59 Matthew Finkin, 'Beclouded work,beclouded workers in historical perspective' (2016) 37(3) *Comparative Labor Law & Policy Journal* 603, 608.

60 James Schmiechen,*Sweated Industries and Sweated Labor* (Croom Helm 1984), 187.

61 Jill Rubery and Frank Wilkinson, 'Outwork and segmented labour markets' , in Frank Wilkinson (ed.), *The Dynamics of Labour Market Segmentation* (Academic Press 1981), 115.

62 As cited in Recruitment and Employment Confederation (REC), *Gig Economy:The Uberisation of Work* (REC 2016), 48.

63 As cited in Vernon Jensen,*Hiring of Dock Workers and Employment Practices in the Ports of New York, Liverpool, London, Rotterdam,and Marseilles* (Harvard University Press 1964), 122–3.

64 Jacob Hacker, *The Great Risk Shift:The Assault on American Jobs,Families, Health Care, and Retirement—and How You Can Fight Back* (Oxford University Press 2006)

65 Ibid. See also Daniel Hemel, 'Pooling and unpooling in the Uber economy' (2017) *University of Chicago Legal Forum*, forthcoming.

66 Jennifer Smith, " 'I'm ashamed' :Uber CEO Travis Kalanick

issues grovelling memo to staff admitting he needs to 'grow up' after video surfaces of him yelling at one of his own drivers", *Daily Mail* (28 February 2017) , http://www.dailymail.co.uk/news/article-4269350/Uber-CEO-Travis-Kalanick-lashes-driver-video.html,archived at https://perma.cc/5F8F-WWCD

67 Christine Lagarde, 'Reinvigorating productivity growth' , *IMF* (3 April 2017), http://www.imf.org/en/news/articles/2017/04/03/sp040317-reinvigorating-productivity-growth,archived at https://perma.cc/84CC-9TCH

68 'Are we adapting instead of innovating?' , *Flip Chart Fairy Tales* (3 May 2012), https://flipchartfairytales.wordpress.com/2012/05/03/are-we-adapting-instead-of-innovating/, archived at https://perma.cc/XQR2-7QPB

69 Martin Sandbu, 'The problem is not too many robots, but too few' , *Financial Times* (4 April 2017), http://www.ft.com/content/bcb600d4–1870–11e7-a53d-df09f373be87, archived at https://perma.cc/QCX5-4K6N

70 See, e.g., Paul Krugman, 'Robot geometry (very wonkish)' , *Financial Times* (20 March 2017), https://krugman.blogs.nytimes.com/2017/03/20/robot-geometry-very-wonkish,archived at https://perma.cc/KGF7-YKRS; Robert Gordon, *The Rise and Fall of American Growth* (Princeton University Press 2016).

71 Uber contests these allegations:Mike Isaac, 'How Uber deceives the authorities worldwide' , *The New York Times* (3 March 2017) , http://www.nytimes.com/2017/03/03/technology/uber-greyball-programme-evade-authorities.html?_r=1,archived at https://perma.cc/G48X-RUV7;Julia Carrie Wong, 'Greyball:how Uber used secret software to dodge the law' , *The Guardian* (4 March 2017), http://www.theguardian.com/technology/2017/mar/03/uber-secret-programme-greyball-resignation-ed-baker,archived at https://perma.cc/CVR6-BR3R;Amir Efrati, 'Uber's top secret "Hell" program exploited Lyft's vulnerability' , *The Information* (12 April 2017), http://www.theinformation.com/ubers-top-secret-hell-programme-exploited-lyfts-vulnerability,archived at https://perma.cc/7TQX-

UJ4M; Julia Carrie Wong, ‘Uber’s secret Hell program violated drivers’ privacy, class-action suit claims’, *The Guardian* (25 April 2017), http://www.theguardian.com/technology/2017/apr/24/uber-hell-programme-driver-privacy-lyft-spying, archived at https://perma.cc/35ZK-DVKC

72 感谢耶鲁法学院 (Yale Law School) 杰克·巴尔金（Jack Balkin）教授举办的互联网与社会项目思想研讨会，以及该项目的法律及创新课程的学生们的积极讨论。像往常一样，历史上有很多先例：支架租赁系统是“绑定”做法的一个早期案例，旨在维持过量的可用服务方，从而让平台运营商受益。正如英国议会的一个委员会在1855年指出的那样：

> 经过一代又一代人，从事制造业并被绑定其中的人，要远远多于行业能支持的数量，而通过撤销多余劳动力进行逐渐补救的普通方法，却遭到阻挠和挫折。

可参见Select Committee on the Stoppage of Wages (Hosiery), *Report from the Select Committee on Stoppage of Wages* (Hosiery) (HC 421–XIV, 1854–1855), iv)

73 Ryan Avent, ‘The productivity paradox’, *Medium* (16 March 2017), https://medium.com/@ryanavent_93844/the-productivity-paradox-aaf05e5e4aad,archived at https://perma.cc/TFE8-7X8N

74 Select Committee on the Stoppage of Wages (Hosiery), *Report from the Select Committee on Stoppage of Wages* (*Hosiery*) (HC 421-XIV, 1854–1855), iv. 邓肯·贝瑟尔（Duncan Bythell）表示赞同：

> 只要外出工作的劳动力仍然充足，而且其成本不断下跌，制造商就几乎没有动力转向替代性的生产手段……当代人通常相信，极其廉价的手工劳动实际上推迟了新研制的更省力的机器的应用。

可参见Duncan Bythell, *The Sweated Trades*: *Outwork in Nineteenth-century Britain* (St Martin’s Press 1978), 177. 上述案例描述的是十九世纪三四十年代纺织业中电力织机的发展，制造商向议会委员会报告说，由于劳动力成本低，所以没有必要进行投资。还有一些近期的例子，例如20世纪70年代加利福尼亚州的农业创新，可参见 Eduardo Porter, ‘Revisiting a minimum-wage axiom’, *The New York Times* (4 February 2007), http://www.nytimes.com/2007/02/04/business/yourmoney/04view.html,archived at https://perma.cc/5JG4-F22A. See also Julia Tomassetti, ‘Does Uber redefine the firm? The postindustrial corporation and advanced information technology’(2016) 34(1) *Hofstra Labor and Employment Law Journal* 1, 36–37. 作者指出："在后工业企业中，通过保证生产及市场宣传的资源，对其进行创新管理，来实现利润最大化，这种标准规范已经式微。" See also James Flannery, *The Glass House Boys of Pittsburgh:Law, Technology, and Child Labour* (University of Pittsburgh Press 2009).

75 David Z. Morris, ‘Uber sharply lags competition in self-driving progress’, *Fortune* (18 March 2017), http://fortune.com/2017/03/18/uber-self-driving-car-progress/,archived at https://perma.cc/6GAT-LRQA. 该公司还陷入一场法律诉讼，争夺关键基础技术的所有权，可参见 Mike Isaac and Daisuke Wakabayashi, ‘A lawsuit against Uber highlights the rush to conquer driverless cars’, *The New York Times* (24 February 2017), http://www.nytimes.com/2017/02/24/technology/anthony-levandowski-waymo-uber-google-lawsuit.html, archived at https://perma.cc/YW9E-B3SU

76 Izabella Kaminska, ‘Do the economics of self-driving taxis actually make sense?’, *Financial Times* (20 October 2015), https://ftalphaville.ft.com/2015/10/20/2142450/do-the-economics-of-self-driving-taxis-actually-make-sense/, archived at https://perma.cc/P65L-SCLD

77 Duncan Bythell, *The Sweated Trades:Outwork in Nineteenth-century Britain* (St Martin’s Press 1978), 176

78 Ibid.

79 Viral Acharya, Ramin Baghai, and Krishnamurthy Subramanian, ‘Wrongful discharge laws and innovation’ (2012) NBER Working Paper No. 18516, 2. See also ‘Does employment protection encourage innovation?’, *Flip Chart Fairy*

Tales (7 November 2012), https://flipchartfairytales.wordpress.com/2012/11/07/does-employment-protection-encourage-innovation/, archived at https://perma.cc/83ED-NCGM

80 'What will the gig economy do for innovation?', *Flip Chart Fairy Tales* (11 December 2015) https://flipchartfairytales.wordpress.com/2015/12/11/what-will-the-gig-economy-do-for-innovation/,archived at https://perma.cc/8E2C-XKVA

81 Izabella Kaminska, 'The taxi unicorn's new clothes', *Financial Times* (1 December 2016), https://ftalphaville.ft.com/2016/12/01/2180647/the-taxi-unicorns-new-clothes/, archived at https://perma.cc/YNT5-AH3D

第5章

1 Niccolo Machiavelli, *Il Principe* (Oxford University Press 1891).

2 Ronald Coase, 'The nature of the firm' (1937) 4 (16) Economica 386. 科斯指出，与签约独立外包商相比，等级雇佣关系的主要优势在于，无论是在寻找、选择及培训服务方面，还是雇主对生产过程的严格控制方面，企业家的控制力度以及由此产生的交易成本会下降。

3 Simon Deakin and Frank Wilkinson, *The Law of the Labour Market:Industrialization, Employment, and Legal Evolution* (Oxford University Press 2005); Mark Freedland, Alan Bogg, David Cabrelli, Hugh Collins, Nicola Countouris, Anne Davies, Simon Deakin, and Jeremias Prassl (eds), *The Contract of Employment* (Oxford University Press 2016).

4 尤其是平台被纳入一个拥有不同于服务方和/或客户管辖权的国家时，更容易出现问题。然而在现实中，这种情况似乎比想象的要少（例如，别忘了亚马逊在很长一段时间内都坚持，所有新众包服务方都必须居住在美国）。有关法律规范体系处理这种"法律冲突"的详细内容，可参见 Louise Merrett, *Employment Contracts in Private International Law* (Oxford University Press 2011).

5 TaskRabbit, 'Terms of service' (1 June 2017), http://www.taskrabbit.com/terms, archived at https://perma.cc/S6ZM-VXUS.

The UK equivalent (http://www.taskrabbit.co.uk/terms,archived at https://perma.cc/XTH7-Q8V4) isn't capitalised, but attempts to set up functionally equivalent legal structures.

6 *Street v Mountford* [1985] AC 809, 819, HL *per* Lord Templeman.

7 *Autoclenz Limited v Belcher and ors* [2011] UKSC 41, [35], *per* Lord Clarke. 相关全面论述，可参见 Alan Bogg, 'Sham self-employment in the Supreme Court' (2012) 41 (3) Industrial *Law* Journal 328.

8 *Alexander v FedEx Ground Package System*, 764 F.3d 981,998 (9th Cir. 2014). 重要的是，并非联邦快递诉讼中的所有裁决都得出了同样结论。鉴于美国不同州及法规对就业分类存在差异，这并不让人意外。

9 International Labour Organization (ILO), Recommendation 198 of 2006, Art. 9. 详细内容，可参见：ILO, *Regulating the Employment Relationship in Europe:A Guide to Recommendation No 198* (Geneva 2013), 33ff.

10 Miriam Cherry, 'Beyond misclassification:the digital transformation of work' (2016) 37(3) *Comparative Labor Law & Policy Journal* 577.

11 Jane Croft, 'Uber challenged on UK drivers' status', *Financial Times* (20 July 2016), http://www.ft.com/content/2bedda7a-4e7e-11e6–88c5-db83e98a590a,archived at https://perma.cc/3BB7-LDZG

12 *Aslam and Farrar v Uber*, Case No. ET/2202550/2015, [87] – [89] (London Employment Tribunal, Judge Snelson), http://www.judiciary.gov.uk/wp-content/uploads/2016/10/aslam-and-farrar-v-uber-reasons-20161028.pdf,archived at https://perma.cc/44Z9-UBC4

13 *Uber v Aslam and Farrar*, Case No UKEAT/0056/17/DA, [116] (Employment Appeal Tribunal), https://assets.publishing.service.gov.uk/media/5a046b06e5274a0ee5a1f171/Uber_B.V._and_Others_v_Mr_Y_Aslam_and_Others_UKEAT_0056_17_DA.pdf, archived at https://perma.cc/Z4C3-57Y2. 在撰写本书时，优步已经宣布，计划针对这一判决继续进行上诉。

14 *Dewhurst v Citysprint UK Ltd*, Case No. 2202512/2016, [49] (London Employment Tribunal, Judge J.L. Wade).

15 'L' Urssaf poursuit Uber pour requalifier ses chauffeurs en salariés', *Le Monde* (17 May 2016), http://www.lemonde.fr/economie-francaise/article/2016/05/17/l-urssaf-poursuit-uber-pour-requalifier-ses-chauffeurs-en-salaries_4920825_1656968.html, archived at https://perma.cc/7W9E-JDGN

16 特朗普执政时，该指导方针已被撤回。可参见 http://www.blr.com/html_email/AI2015-1.pdf. See,e.g., Biz Carson, 'The US government just reminded companies like Uber why they could be in serious trouble', *Business Insider UK* (15 July 2015), http://uk.businessinsider.com/us-department-of-labor-reminds-companies-of-1099-classification-rules-2015–7, archived at https://perma.cc/LZJ4-UGGQ. 上述解释迅速被特朗普执政政府废除了。可参见 https://www.natlawreview.com/article/donald-trump-s-labor-secretary-revokes-obama-era-dol-joint-employer-and-independent,archived at https://perma.cc/U5P6-QV6Z

17 Simon Goodley, 'Deliveroo told it must pay workers minimum wage', *The Guardian* (14 August 2016), http://www.theguardian.com/society/2016/aug/14/deliveroo-told-it-must-pay-workers-minimum-wage, archived at https://perma.cc/2DC7-DCVP

18 Miriam Cherry, 'Beyond misclassification:the digital transformation of work' (2016) 37(3) *Comparative Labor Law & Policy Journal* 577.

19 *Berwick v. Uber Techs Inc.*, Case No. 11–46739 EK (Cal. 2015), http://www.scribd.com/doc/268980201/Uber-v-Berwick-California-Labor-Commission-Ruling#scribd, archived at https://perma.cc/7YT2-QDK3. Miriam Cherry, 'Beyond misclassification:the digital transformation of work' (2016) 37(3) *Comparative Labor Law & Policy Journal* 577, 此文指出，其他州的行政管理机构，包括佛罗里达州，都偏向平台一方。

20 Travis, 'Growing and growing up', *Uber Newsroom* (21 April 2016), https://newsroom.uber.com/growing-and-growing-up/,archived at https://perma.cc/9ALX-YR8P. 优步没有接受上述

就业划分方式。

21 *Douglas O'Connor et al. v. Uber Technologies Inc.*,Case No. 13-cv-03826-EMC (ND Cal.) *and Hakan Yucesoy et al. v. Uber Technologies Inc.*, Case No. 15-cv-00262-EMC (ND Cal. 2016) Order denying plaintiffs' motion for preliminary approval (18 August 2016), 21, 25, 29.

22 熟悉英国雇佣法的读者会思考另一个标准，它在确定服务方及雇员的就业身份方面，已经变得愈发重要：义务的相互性。然而，鉴于第 3 章已经讨论过评分算法和其他锁定制度的重要性，该标准似乎可能已被定性为“近期对某种个人控制形式的强调”。可参见 Simon Deakin and Gillian Morris, *Labour Law*, (6th edn, Hart 2012, 164) would be met in many situations—if it is relevant at all:Jeremias Prassl, 'Who is a worker?' (2017) 133 *Law Quarterly Review* 366.

23 长期以来，牛津大学教授保罗·戴维斯(Paul Davies)和马克·弗里德兰德(Mark Freedland)一直批评传统方法中存在的“不断加剧的反事实性”。可参见 Paul Davies and Mark Freedland, 'The complexities of the employing enterprise', in Guy Davidov and Brian Langile (eds), *Boundaries and Frontiers of Labour Law* (Hart 2006), 274. 在当前这个碎片化工作、外包机构以及按需服务平台的世界，很难找到对员工行使控制权的单一雇主。

24 雇主的五项职能是：(1) 招聘和解雇（包括雇主对与签订合同的服务方具有的所有权力，从初步审查到解雇）；(2) 工作（在工作时，雇员对其雇主承担义务，特别包括提供劳动及其结果的义务）；(3) 支付工资（雇主的基本义务之一，包括缴纳社会保险和养老金）；(4) 控制（雇主告知服务方工作内容，有时还包括工作方式）；(5) 利润和损失（雇主是企业家，他们从事赚取利润的业务，同时也面临可能由企业造成的任何损失）。详情可参见 Jeremias Prassl, *The Concept of the Employer* (Oxford University Press 2015), 32. 我不是第一个尝试如此分类的学者，我在若干领域的很多成果都受到以下启发：Mark Freedland, *The Personal Employment Contract* (Oxford University Press 2003), 40. 要注意的是，顾客与服务方之间的直接互动，往往不会算作雇主行使的职能。例如，如果我在餐馆点菜，在某种意义上，我是在告诉服务员要做什么，但我并没有把它当成自己管理的一部分，科斯会把这部分叫作餐厅企业内部市场。详细内容，可参见 Einat Albin, ‘A worker-employer-customer triangle: the case of tips’ (2011) 40 (2) *Industrial Law Journal* 181.

25 Jeremias Prassl and Martin Risak, ‘Uber,TaskRabbit,and Co.:platforms as employers? Rethinking the legal analysis of crowdwork’ (2016) 37 (3) *Comparative Labor Law & Policy Journal* 619.

26 特朗普执政时，该指导方针已被撤回。可参见 http://www.blr.com/html_email/AI2015-1.pdf, section II.B.

27 另一方面，如果后者故意欺骗服务方，提供虚假的任务工作量，那么只有客户承担责任。

28 *Jungheinrich*, C. Cass. soc., 30 November 2011,no. 10–22.964; see also *Molex*, Cass. soc. 2 July 2014, no. 13–15.208.

29 Case C-242/09 *Albron Catering BV v FNV Bondgenoten and John* Roest, ECLI:EU:C:2010:625.

30 近期数据,可参见Alexia Elejalde-Ruiz, ‘Why should McDonald's be a joint employer? NLRB starts to provide answers’, *The Chicago Tribune* (10 March 2016), http://www.chicagotribune.com/business/ct-mcdonalds-labor-case-0311-biz-20160310-story.html,archived at https://perma.cc/ST85-CXZY

31 Jeremias Prassl,*The Concept of the Employer* (Oxford University Press 2015), 166ff.

32 然而一开始，改革建议对平台的影响可能会更戏剧化，尽管这很可能是一个合理的调整但成本会上升，反映出雇主的责任。我们会在第 6 章中详细探讨这些问题。

33 Mia Rönnmar, ‘The managerial prerogative and the employee's obligation to work:comparative perspectives on functional flexibility’ (2006) 35 (1) *Industrial Law Journal* 56, 69.

34 *Bristow v City Petroleum Ltd* [1987] 1 WLR 529, 532,HL. The provisions are today contained in section 17et seq. of *the Employment Rights Act* 1996.

35 平台还将承担一系列的相关义务，包括从代扣代缴税款到支付社会保障金和养老金。从短期来看，这可能导致个体服务方口袋里剩下的钱更少；然而从长期来看，他们将受到保护，免受工作生活不稳定的影响。与服务方个人相比，平台还拥有更好的设施，可以组织会计集中核算和纳税遵从，在每个税收年度结束时，服务方可能没有足够的钱来履行他们的法律义务。

36 Seth Harris and Alan Krueger, *A Proposal for Modernizing Labor Laws for Twenty-first Century Work:The 'Independent Worker'* (Hamilton Project 2015)

37 Ibid., 13.

38 安妮·戴维斯 (Anne Davies) 的观点很有说服力，她认为：

> 雇主有责任利用其管理特权来……从服务方等待的时间获得最大利益。如果雇主选择不行使这一特权……那么这种选择不应对服务方产生不利影响。

可参见Anne Davies, "Getting more than you bargained for? Rethinking the meaning of 'work' in employment law" (2017) 46 *Industrial Law Journal* 30, forthcoming

39 *Aslam and Farrar v Uber*, Case No. ET/2202550/2015, [100] (London Employment Tribunal,Judge Snelson), http://www.judiciary.gov.uk/wp-content/uploads/2016/10/aslam-and-farrar-v-uber-reasons-20161028.pdf, archived at https://perma.cc/44Z9-UBC4

40 Jeremias Prassl and Rachel Hunter, 'Worker status for app-drivers:Uber-rated?', *Oxford Human Rights Hub* (21 November 2016), http://ohrh.law.ox.ac.uk/worker-status-for-app-drivers-uber-rated/,archived at https://perma.cc/7Y54-QF42

41 许多权利，如针对不合理解雇的保护，旨在提供一个"资格"门槛，只有为特定雇主工作达到了一定的时间（在英国最长为24 个月），然后才能获得某项权利。另一个问题与企业规模的门槛相关，可参见我在下文中的脚注，以及该专题中的其他文章：'Les seuils sociaux en Europe:Royaume-Uni' [2015] Revue de Droit du Travail 215

42 Robert Reich, 'The share-the-scraps economy' (2 February 2015),

http://robertreich.org/post/109894095095,archived at https://perma.cc/V3PH-U7DY

43 Ibid.

44 另一种模式可以在法国的“Prime”或“Indemnite de precarite”中找到，定期合同的价格上涨了10%，可参见 art. L1243–8 of the Code du Travail。在英国，《1943年餐饮业工资法案》（*Catering Wages Act 1943*）中也有先例。针对上调工资的更多讨论，可参见 Einat Albin, *Sectoral Disadvantage:The Case of Workers in the British Hospitality Sector* (PhD thesis, University of Oxford 2010).

45 http://www.fairwork.gov.au/employee-entitlements/types-of-employees/casual-part-time-and-full-time/casual-employees, archived at https://perma.cc/WPW2-8WBP. 当前，该制度通常是通过一系列所谓的奖项来实施，但目前的讨论与澳大利亚劳工法（Australian labour law）的这一技术方面没有直接关系。类似的规定可以很容易地转化为国内机制，从个人（最低）工资立法到集体协议。我在此感谢墨尔本法学院（Melbourne Law School）的苔丝·哈代博士（Dr Tess Hardy）为这部分提供了丰富的背景材料。

46 General Retail Industry Award 2010 (MA000004), clause 13.2,http://awardviewer.fwo.gov.au/award/show/MA000004, archived at https://perma.cc/N43Z-N3RF

47 Andrew Stewart,Anthony Forsyth, Mark Irving, Richard Johnstone, and Shae McCrystal, *Creighton and Stewart's Labour Law* (6th edn, The Federation Press 2016), 247.

48 Rosemary Owens, Joellen Riley, and Jill Murray, *The Law of Work* (2nd edn,Oxford University Press Australia & New Zealand 2011), 188.

49 有关经济分析案例的详情，可参见：Joan Rodgers and Iris Day, ‘The premium for part-time work in Australia’ (2015) 18 (3) *Australian Journal of Labour Economics* 281

50 澳大利亚和新西兰已经制定了一项制度，根据该制度，可以奖励“增加”临时服务方的最低工资，根据工作的时间（如周日），额外收入最高可以达到50%。可参见 ibid.

51 See also *The Australian Workers Union v Irvine* (1920) 14 CAR 204, 215, 其中指出，稳定的工资：

> ……保证雇员为其家庭和受抚养人提供了适度的稳定性……时间的浪费严重影响了收入；如果有一方必须为这些服务方提供生活工资，那他们应该得到更多报酬，以弥补失去的时间。

Cited in Rosemary Owens, ‘Women, “atypical” work relationships and the law’ (1993) 19(2) *Melbourne University Law Review* 399, 410

52 HL Deb., 6 February 2013, vol. 743, col. 265.

53 HL Deb., 20 March 2013, vol. 744, col. 611. The notion of a ‘commodification of employment rights’ should not be confused with the commodification of labour as such:cf. Simon Deakin, ‘Conceptions of the market in labour law’ , in Ann Numhauser-Henning and Mia Rönnmar (eds), *Normative Patterns and Legal Developments in the Social Dimension of the EU* (Hart 2013), 141,150;Alain Supiot, ‘Grandeur and misery of the social state’ (2013) 82 *New Left Review* 99, 104.

所谓的雇员股东地位的整个传奇故事，可参见 Jeremias Prassl,“Employee-shareholder ‘status’ :dismantling the contract of employment” (2013) 42 (4) *Industrial Law Journal* 307. 英国政府已宣布，计划“在下一次立法会上向新加入者关闭身份状态”。可参见 https://www.gov.uk/guidance/employee-shareholders,archived at https://perma.cc/57JE-TGSE

54 Lisa Heap, *Striving for Decent Work to End Insecurity in Australian Workplaces* (Australian Institute of Employment Rights 2012), 80 (citations omitted), http://economicdevelopment.vic.gov.au/__data/assets/pdf_file/0007/1311388/Submission-AIER-Attachment-1.pdf,archived at https://perma.cc/4LQH-LK2X. 本报告还强调了与执法相关的重要事宜：

> 在现实中，许多临时服务方没有收到临时附加工资。与之不同，在他们的工作环境中，很难找到一个做同样工作的固定

服务方，与其对比薪酬，以确定其是否适用临时附加工资。执行是个问题。公平工作监察员在这方面可以发挥作用，然而由于定义困难，很难在不同情况下确定临时工的适当福利。

可参见 Ibid., 81.

55 Act of 10 October 2001 on Minimum Wage for Work (Consolidated Text), art. 1et seq. (*Journal of Laws* 2016.1265), as amended. See further http://www.roedl.com/pl/en/hot_news/labour_law_and_social_insurance_in_poland/new_regulations_on_the_minimum_hourly_pay_under_contracts_of_mandate_and_contracts_for_services.html, archived at https://perma.cc/6HLD-KN9W. 立法设计中有许多缺陷和不足，尤其是重大例外和重大股权割让及其他规避机会方面。感谢乔安·尤特舒茨（Joanna Unterschuetz）教授和马辛·伍奇克（Marcin Wujczyk）教授就这一点进行的讨论。

56 Abi Adams,Judith Freedman,and Jeremias Prassl, ‘Different ways of working’ (14 December 2016), https://abiadams.com/research/different-ways-of-working/, archived at https://perma.cc/J2NK-LUAK. Another major set of concerns relates to the enforcement of gig-economy workers’ rights—that is,that low claim values can dramatically reduce incentives to litigate:Abi Adams and Jeremias Prassl, ‘Vexatious claims:challenging the case for employment tribunal fees’ (2017) 80 (2) *Modern Law Review* 412.

57 Andrei Shleifer and Lawrence Summers, ‘Breach of trust in hostile takeovers’ (1987) NBER Working Paper No. 2342.

58 相关详细讨论，可参见 Bob Hepple, ‘Workers’ rights in mergers and takeovers:the EEC proposals’ (1976) 5 (1) *Industrial Law Journal* 197.

59 Regulation (EU) 2016/679 of the European Parliament and of the Council of 27 April 2016 on the protection of natural persons with regard to the processing of personal data and on the free movement of such data,and repealing Directive 95/46/EC (General Data Protection Regulation) [2016] OJ L119/1, Art. 20 (1). For updated implementation information, see http://ec.europa.eu/justice/data-protection/index_en.htm,archived at https://perma.cc/4CYX-

7YEH. For an explicit call for portable ratings,see Resolution of the European Parliament of 15 June 2017 on a European Agenda for the collaborative economy (2017/2003 (INI)).

60 Simon Deakin, 'Shares for rights:why entrepreneurial firms need employment law too', *FT Economists Forum* (12 February 2013), http://blogs.ft.com/economistsforum/2013/02/shares-for-rights-why-entrepreneurial-firms-need-employment-law-too/,archived at https://perma.cc/YNV6-BXHM.

61 Sally Guyoncourt, 'Why Uber drivers' loo breaks are going out the window—literally', *The Independent* (10 June 2015), http://www.independent.co.uk/news/uk/home-news/why-uber-drivers-loo-breaks-are-going-out-the-window-literally-10311620.html,archived at https://perma.cc/KXW3-G6X4

62 Jonathan Owen, 'Uber driver "threatened" by senior manager after establishing union', *The Independent* (3 November 2015), http://www.independent.co.uk/news/business/news/uber-driver-threatened-by-senior-manager-for-establishing-union-a6720146.html,archived at https://perma.cc/KXW3-G6X4

63 然而，法院将审视现实中的深层关系，从而确定有争议的服务方是否是真正的独立创业者．相关案例可参考 Court of Justice of the European Union,Case C-413/13 *FNV Kunsten Informatie en Media v Staat der Nederlanden*, ECLI:EU:C:2014:2411.

64 Independent Workers Union of Great Britain, 'How we began', https://iwgb.org.uk/how-we-began/ archived at https://perma.cc/CMW9-UDCA

65 Anna Patty, 'Airtasker and unions make landmark agreement to improve pay rates and conditions', *The Sydney Morning Herald* (1 May 2017), http://www.smh.com.au/business/workplace-relations/airtasker-and-unions-make-landmark-agreement-to-improve-pay-rates-and-conditions-20170427-gvtvpo.html,archived at https://perma.cc/R8GP-6FVW

66 'Council unanimously adopts first-of-its-kind legislation to give drivers a voice on the job', *Seattle Gov* (14 December 2015), http://www.seattle.gov/council/issues/giving-drivers-a-voice,

archived at https://perma.cc/2VW4-QHRB. 在撰写本书时，该法令已被美国联邦上诉法院第九巡回审判庭搁置，等待美国商会(US Chamber of Commerce) 提起的一个案件。可参见 https://perma.cc/288N-EK5U

67 Ibid.

68 Code du Travail, arts L7341-1–L7342-6; http://www.legifrance.gouv.fr/affichCode.do; jsessionid=477C7170C222AE05ECF8817BB26DFA0E.tpdila17v_2? idSectionTA=LEGISCTA000033013020&cidTexte=LEGITEXT000006072050&dateTexte=20170531, archived at https://perma.cc/FAU9-LPUS

69 Lilly Irani and M. Six Silberman, 'Turkopticon:interrupting worker invisibility in Amazon Mechanical Turk' (CHI 2013,Changing Perspectives, Paris, France), https://hci.cs.uwaterloo.ca/faculty/elaw/cs889/reading/turkopticon.pdf, archived at https://perma.cc/Q32W-6MB6

70 FairCrowdWork, 'Home', http://www.faircrowdwork.org/en/watch, archived at https://perma.cc/DNZ9-SKU2

71 相关详细论述，可参见 Rebecca Smith and Sarah Leberstein, *Rights on Demand:Ensuring Workplace Standards and Worker Security in the ON-Demand Economy* (NELP 2015).

72 Robert Booth, 'Uber appeals against ruling that its UK drivers are workers', *The Guardian* (14 December 2016), http://www.theguardian.com/technology/2016/dec/14/uber-appeals-against-ruling-that-its-uk-drivers-are-employees,archived at https://perma.cc/AH9S-ERGN

73 'ORB/Uber Poll,2016:flexibility identified as key benefit', *ORB International* (10 October 2016), https://perma.cc/H983-VE3Z

74 Work and Pensions Committee, *Oral Evidence:Self-employment and the Gig Economy* (HC 847,2016–17), Response to Q188 (Heidi Allen MP), http://data.parliament.uk/writtenevidence/committeeevidence.svc/evidencedocument/work-and-pensions-committee/selfemployment-and-the-gig-economy/oral/47653.pdf,archived at https://perma.cc/UN7F-F9LZ

75 Chartered Institute of Personnel and Development (CIPD), *To Gig*

or not to Gig? Stories from the Modern Economy (CIPD 2017), 32.

76 Ibid., 32.

77 Ibid., 33.

78 Vanessa Katz, 'Regulating the sharing economy' (2015) 30 (4) *Berkeley Technology Law Journal* 1067, 1092.

第6章

1 Patricia Marx, 'Outsource yourself', *The New Yorker* (14 January 2013), http://www.newyorker.com/magazine/2013/01/14/outsource-yourself, archived at https://perma.cc/RN4K-RKUM

2 Bhrmie Balaram,Josie Warden,and Fabian Wallace-Stephens, *Good Gigs:A Fairer Future for the UK's Gig Economy* (RSA 2017), 41.

3 'Disappointed with Deliveroo,have I been unlucky or are they no good?', *Reddit* (21 March 2016), http://www.reddit.com/r/london/comments/4bbbjp/disappointed_with_deliveroo_have_i_been_unlucky/? st=is7ap77e&sh=b2f8c793, archived at https://perma.cc/32DN-YRTX

4 Julie Downs, 'Are your participants gaming the system? Screening Mechanical Turk workers', (2010) Carnegie Mellon University, http://lorrie.cranor.org/pubs/note1552-downs.pdf,archived at https://perma.cc/RGA6-MRQ8; 'The myth of low cost,high quality on Amazon's Mechanical Turk', *TurkerNation* (30 January 2014), http://turkernation.com/showthread.php? 21352-The-Myth-of-Low-Cost-High-Quality-on-Amazon-s-Mechanical-Turk, archived at https://perma.cc/6S5H-6RKA

5 Yanbo Ge,Christopher R. Knittel, Don MacKenzie, and Stephen Zoepf, *Racial and Gender Discrimination in Transportation Network Companies* (2016) NBER Working Paper No. 22776;Joshua Barrie, 'This CEO says he has a 3.4 rating on Uber because he's gay', *Business Insider UK* (16 February 2015), http://uk.businessinsider.com/gay-businessman-low-uber-rating-london-2015–2,archived at https://perma.cc/ANN3-DD5F. 其他乘客认为,共享出行平台提供的相对匿名性是对出租车行业的改进。可参见 Jenna Wortham, 'Ubering while black',

Medium (23 October 2014), https://medium.com/matter/ubering-while-black-146db581b9db#.2c0efltcr,archived at https://perma.cc/FMU3-L5D3;Nick Grimm, 'Uber apologises over discrimination against blind customer, human rights activist Graeme Innes', *ABC News* (15 April 2016), http://www.abc.net.au/news/2016–04–15/uber-driver-refuses-blind-customer-ex-commissioner-graeme-innes/7328984,archived at https://perma.cc/B25F-DCUU; Sarah, 'Settlement with the National Federation of the Blind', *Uber Newsroom* (1 March 2017), https://newsroom.uber.com/nfb-settlement/, archived at https://perma.cc/YK2V-KPVP

6 Who's Driving You?, " 'Ridesharing' incidents:reported list of incidents involving Uber and Lyft", http://www.whosdrivingyou.org/rideshare-incidents,archived at https://perma.cc/V4TM-YJMV. 英国《太阳报》(*The Sun*) 在2016年调查优步相关的投诉时发现，在过去一年中，伦敦有32起涉及优步司机的性侵指控，被内部泄露的截图显示，该数字可能要高得多。2015年，一名德里（Delhi）优步司机因强奸一名乘客，被判罪名成立，优步服务继而被暂时禁止进入该市。当运营恢复时，该平台幸存者和其他用户都发送了电子邮件，通知他们“我们回来了，为您服务，在此帮您出行”。可参见 Mike Sullivan and Scott Hesketh, 'Uber drivers accused of 32 rapes and sex attacks on London passengers in last year alone', *The Sun* (18 May 2016), http://www.thesun.co.uk/archives/news/1205432/uber-drivers-accused-of-32-rapes-and-sex-attacks-on-london-passengers-in-last-year-alone/, archived at https://perma.cc/NXH8-RDZP; Charlie Warzel and Johana Bhuiyan, 'Internal data offers glimpse at sex assault complaints', *BuzzFeed News* (6 March 2016), http://www.buzzfeed.com/charliewarzel/internal-data-offers-glimpse-at-uber-sex-assault-complaints? utm_term=.xvEz2M9E8#.yvN4R8Q1N, archived at https://perma.cc/9N3T-W7H2;Geeta Gupta and Sumegha Gulati, 'We are back to serve you:Uber sends email to Delhi rape victim', *The Indian Express* (24 January 2015), http://indianexpress.com/article/india/india-others/uber-emails-rape-victim-we-are-back-in-delhi/,archived at https://perma.cc/6CZU-

J5LP

7 Caroline O'Donovan, 'Postmates customers are frustrated with delivery costs estimates', *BuzzFeed News* (26 May 2016), http://www.buzzfeed.com/carolineodonovan/st? utm_term=.usQm6r0n1#.vn99mYQ35, archived at https://perma.cc/9HDN-BKJZ

8 一旦公众发现这个事实，优步就会提供退款和免费跨城行程。可参见Brian Ries and Jenni Ryall, 'Uber intros surge pricing during Sydney hostage siege, then backtracks after outcry', *Mashable* (15 December 2014), http://mashable.com/2014/12/14/uber-sydney-surge-pricing/#Q6LCbuUtvSqL,archived at https://perma.cc/CWZ3-Y9SZ;Alison Griswold, 'Uber isn't getting rid of surge pricing—it's just hiding it', *Quartz* (23 June 2016), http://qz.com/715092/uber-isnt-getting-rid-of-surge-pricing-its-just-hiding-it/, archived at https://perma.cc/96FK-XRHJ;Alison Griswold, 'Uber's sweeping price cuts usually don't work', *Quartz* (3 March 2016), http://qz.com/629783/ubers-sweeping-price-cuts-usually dont-last/, archived at https://perma.cc/4FMU-HPH7;Amit Chowdhry, 'Uber:users are more likely to pay surge pricing if their phone battery is low', *Forbes* (25 May 2016), http://www.forbes.com/sites/amitchowdhry/2016/05/25/uber-low-battery/#5578c4ef6f1d,archived at https://perma.cc/6L6Y-SS3Z. 这种试图掩盖问题的趋势，似乎被新闻网站*Buzzfeed*获得的一系列优步内部政策截图证实。当面对与已证实的司机饮酒或吸毒的相关投诉时，支持者表示，"如果车主不想与执法人员或媒体一起将事件升级，则需遵守罢工制度，发表警告，就会在不恶化的情况下得到解决"。可参见'Internal data offers glimpse at Uber sex assault complaints', *Buzzfeed* (7 March 2017), https://www.buzzfeed.com/charliewarzel/internal-data-offers-glimpse-at-uber-sex-assault-complaints? utm_term=.kwrmerQ3MG#.fwNnogvPrD,archived at https://perma.cc/XG76-C6RV

9 TaskRabbit, 'Terms of service', clause 12, https:/www.taskrabbit.co.uk/terms, archived at https://perma.cc/S7CY-FK9S. 用户还需要承担其他若干责任，详情可参见 Vanessa Katz, 'Regulating the sharing economy' (2015) 30 (4) Berkeley Technology Law Journal

1067, 1102, n. 193.

10 Ibid., 1103; Joe Fitzgerald Rodriguez, 'Uber settles wrongful death lawsuit of Sofia Liu', *San Francisco Examiner* (14 July 2015), http://www.sfexaminer.com/uber-tentatively-settles-wrongful-death-lawsuit-of-sofia-liu/, archived at https://perma.cc/5MWE-Z3AL

11 Grace Marsh and Josh Boswell, 'Deliveroo drivers are accused of causing mayhem "riding against the clock"', *The Sunday Times* (5 June 2016), https://www.thetimes.co.uk/article/deliveroo-cyclists-cause-road-mayhem-riding-against-the-clock-0m3l3rv0d, archived at https://perma.cc/F6XH-MLV7

12 Ibid.

13 Emily Badger, 'The strange tale of an Uber car crash and what it means for the future of auto', *CityLab* (10 September 2013), http://www.citylab.com/commute/2013/09/real-future-ride-sharing-may-all-come-down-insurance/6832/, archived at https://perma.cc/6XEJ-EMZC

14 Ryan Calo and Alex Rosenblat, 'The taking economy:Uber,information, and power' (2017) *Working Paper*, 23.

15 Ibid.,28,39.

16 Shu-Yi Oei and Diane Ring, 'Can sharing be taxed?' (2016) 93 (4) *Washington University Law Review* 989, 994.

17 Ibid., 995.

18 Ibid.

19 Gov.uk, 'Businesses and charging VAT', http://www.gov.uk/vat-businesses, archived at https://perma.cc/V7N4-SSEM

20 Robert Booth, 'Tax barrister plans to take Uber to court over alleged £20m black hole', *The Guardian* (21 February 2017), http://www.theguardian.com/technology/2017/feb/21/tax-barrister-uber-uk-high-court-alleged-20m-vat-black-hole,archived at https://perma.cc/4P3L-B2SZ

21 Jane Croft and Madhumita Murgia, 'Uber faces legal challenge on paying VAT', *Financial Times* (20 March 2017), http://www.ft.com/content/190f12c4-0d92-11e7-a88c-50ba212dce4d, archived

at https://perma.cc/5U8F-JZZB

22 Jolyon Maugham, 'That's one Uber VAT problem', *Waiting for Tax* (20 December 2016), https://waitingfortax.com/2016/12/20/thats-one-uber-vat-problem/, archived at https://perma.cc/QU7M-2TR9

23 Shu-Yi Oei and Diane Ring, 'Can sharing be taxed?' (2016) 93 (4) *Washington University Law Review* 989, 1019.

24 Philip Hammond, 'Spring Budget 2017' (Speech delivered to Parliament, 8 March 2017), http://www.gov.uk/government/speeches/spring-budget-2017-philip-hammonds-speech,archived at https://perma.cc/74YS-XXLJ. 当然，自由职业者占据了零工经济的更大部分。

25 Mounia van de Casteele, 'Operation de l' Urssas chez Uber', *La Tribune* (29 March 2017), http://www.latribune.fr/technos-medias/innovation-et-start-up/operation-de-l-urssaf-chez-uber-674075.html,archived at https://perma.cc/8595-8WME

26 See,e.g., 'The taxman has strong grounds to test Uber's business model', *Financial Times* (22 December 2016), http://www.ft.com/content/94738c64-c83d-11e6–8f29–9445cac8966f,archived at https://perma.cc/U3AW-HRR5

27 IRS forms 1099-MISC are also to be used to report 'fish purchases for cash' (!):Justin Fox, 'The rise of the 1099 economy', *Bloomberg* (11 December 2015), http://www.bloomberg.com/view/articles/2015-12-11/the-gig-economy-is-showing-up-in-irs-s-1099-forms,archived at https://perma.cc/9LZ5-2JEW

28 Caroline Bruckner,*Shortchanged:The Tax Compliance Challenges of Small Business Operators Driving the On-demand Platform Econom*y (Kogod Tax Policy Center 2016), 15.

29 Elizabeth Warren, 'Strengthening the basic bargain for workers in the modern economy' (Speech delivered at the New America Annual Conference,19 May 2016), http://www.warren.senate.gov/files/documents/2016-5-19_Warren_New_America_Remarks.pdf,archived at https://perma.cc/TWH4-PQVB

30 Mailin Aasmäe, 'ETCS and Uber collaborate in seeking solutions

for the development of the sharing economy', *Republic of Estonia Tax and Customs Board* (9 October 2015), http://www.emta.ee/eng/etcb-and-uber-collaborate-seeking-solutions-development-sharing-economy,archived at https://perma.cc/47YA-Z49P; Jurate Titova, 'Uber signs MoU with the City of Vilnius', *Uber Newsroom* (2 November 2015), https://newsroom.uber.com/lithuania/uber-vilnius-memorandum-with-the-city-of-vilnius/, archived at https://perma.cc/RV4R-HN7X

31 Ina Fried, 'Gig economy companies like Uber are helping the Feds spread the word about Obamacare', *Recode* (25 October 2016), http://www.recode.net/2016/10/25/13389860/gig-economy-uber-obamacare-burwell,archived at https://perma.cc/P6S8-JYDS

32 Work and Pensions Committee,*Written Evidence*:*Self-employment and the Gig Economy* (HC 847,2016–17), 优步、爱马仕 (Hermes) 和户户送的服务方质疑过自由职业，可参见 http://www.parliament.uk/business/committees/committees-a-z/commons-select/work-and-pensions-committee/news-parliament-2015/self-employment-gig-economy-evidence-16–17/, archived at https://perma.cc/R7CX-GWCG;Sarah Butler, 'Uber driver tells MPs:I work 90 hours but still need to claim benefits', *The Guardian* (6 February 2017), http://www.theguardian.com/business/2017/feb/06/uber-driver-mps-select-committee-minimum-wage, archived at https://perma.cc/Z2D5-SCW3

33 即使是平台本身，也会获利。以竞争法为例，越来越多的诉讼声称，如果零工经济的服务方是真正的独立承包商，那么他们使用应用程序来确定价格，是明显违反竞争法或反垄断法。详情可参见 Julian Nowag, 'Uber between labour and competition law' (2016) 3 *Lund Student EU Law Review* 94. 当然，雇主可以自由地在其员工之间调整价格，并对其产品按标准收费。

34 Paula Giliker, *Vicarious Liability in Tort*:*A Comparative Perspective* (Cambridge University PRess 2010).

35 See now the Opinion of Advocate General Szpunar in Case C-434/15 *Asóciacion Profesional Elite Taxi v Uber Systems Spain SL* (11 May 2017). 我最初的分析可参见 Jeremias Prassl, 'Uber:the future

of work. . . or just another taxi company?’ , *Oxford Business Law Blog* (16 May 2017), http://www.law.ox.ac.uk/business-law-blog/blog/2017/05/uber-future-work…-or-just-another-taxi-company, archived at https://perma.cc/NER8-3CY7

36 Simon Deakin and Frank Wilkinson,*The Law of the Labour Market:Industrialization,Employment, and Legal Evolution* (Oxford University Press 2005), 15. 严格地说，他们的模式强调就业合同在英国雇佣法中的作用；然而，深层分析可以很容易地应用在世界各地的大多数雇佣法律制度上。

37 Ibid., 109.

38 Ibid., 86–7.

39 Alain Supiot, *Beyond Employment:Changes in Work and the Future of Labour Law in Europe* (Oxford University Press 2001), 10, as cited in Simon Deakin and Frank Wilkinson, *The Law of the Labour Market:Industrialization, Employment,and Legal Evolution* (Oxford University Press 2005), 14.

40 Simon Deakin and Frank Wilkinson, *The Law of the Labour Market:Industrialization, Employment, and Legal Evolution* (Oxford University Press 2005), 16.

41 Harry Markowitz, ‘Portfolio selection’ (1952) 7 (1) *The Journal of Finance* 77; Harry Markowitz, *Portfolio Selection:Efficient Diversification of Investments* (2nd edn,Blackwell 1991).

42 Simon Deakin and Frank Wilkinson, *The Law of the Labour Market:Industrialization, Employment, and Legal Evolution* (Oxford University Press 2005), 16.

43 Larry Summers, ‘Some simple economics of mandated benefits’ (1989) 79 (2) The American Economic Review:Papers and Proceedings of the Hundred and First Annual Meeting of the American Economic Association 177, 180; cf., in favour of redistribution, Louis Kaplow and Steven Shavell, ‘Why the legal system is less efficient than the income tax in redistributing income’ (1994) 23 (2) The Journal of Legal Studies 667.

44 Larry Summers, ‘Some simple economics of mandated benefits’ (1989) 79(2) The American Economic Review:Papers and

Proceedings of the Hundred and First Annual Meeting of the American Economic Association 177, 181.

45 Ryan Calo and Alex Rosenblat, ‘The taking economy:Uber, information, and power’ (2017) Working Paper, 40.

46 Shu-Yi Oei and Diane Ring, ‘Can sharing be taxed?’ (2016) 93(4) Washington University Law Review 989, 1056ff.

47 Miriam Cherry, ‘Beyond misclassification:the digital transformation of work’ (2016) 37 (2) Comparative Labor Law and Policy Journal 577,586 (citations omitted).

48 Chris, ‘DUI rates decline in Uber cities’, *Uber Newsroom* (6 May 2014), https://newsroom.uber.com/us-illinois/dui-rates-decline-in-uber-cities/,archived at https://perma.cc/GN7W-YLNN. 在优步和来福车停止运营后，酒驾成为共享出行倡导者的理由之一。可参见‘DWI arrests spike after Uber/Lyft leave Austin’, CBS:*Austin* (23 June 2016), http://keyetv.com/news/local/dwi-arrests-spike-after-uberlyft-leave-austin,archived at https://perma.cc/E5A3-9KAP

49 Noli Brazil and David Kirik, ‘Uber and Metropolitan traffic fatalities in the United States’ (2016) 184(3) *American Journal of Epidemiology* 192, 192. 得克萨斯州的政治真相新闻网 (Politi Fact) 对优步在奥斯汀的投诉做出了评价，认为它“基本上是真的”。它指出在不同时间周期内，被比较的数据显示出一系列结果，就算在一个切片中，扩散加权成像（DWI）显示的碰撞也比以前多。值得再次强调的是，优步指的是共享出行的可用性和碰撞之间的相关性，而不是因果关系。可参见 W. Gardner-Selby, ‘Uber says drunk-driving crashers down in Austin since advent of ride-sharing services’, *Politifact* (16 December 2015), http://www.politifact.com/texas/statements/2015/dec/16/uber/uber-says-drunk-driving-crashes-down-austin-advent/, archived at https://perma.cc/4X3U-ZEP6

50 Franklin D. Roosevelt, *Statement on the National Industrial Recovery Act* (16 June 1933), http://docs.fdrlibrary.marist.edu/odnirast.html, archived at https://perma.cc/7H7V-W9S8. 罗斯福一直主张，要支持基本劳动标准，可参见 Teresa Tritch, ‘FDR

makes the case for the minimum wage' , *The New York Times* (7 March 2014), http://takingnote.blogs.nytimes.com/2014/03/07/f-d-r-makes-the-case-for-the-minimum-wage/, archived at https://perma.cc/6WPQ-DYWU

51 Simon Deakin and Frank Wilkinson, *The Law of the Labour Market:Industrialization, Employment,and Legal Evolution* (Oxford University Press 2005), 109.

尾声

1 John Maynard Keynes, 'Economic possibilities for our grandchildren' , in *Essays in Persuasion* (Palgrave Macmillan 2010), 321.

2 Ibid., 325.

3 President John F. Kennedy, News Conference 24 (14 February 1962), https://www.jfklibrary.org/Research/Research-Aids/Ready-Reference/Press-Conferences/News-Conference-24.aspx,archived at https://perma.cc/LDS6-Y8X7

4 John Maynard Keynes, 'Economic possibilities for our grandchildren' , in *Essays in Persuasion* (Palgrave Macmillan 2010), 325.

5 Carl Frey and Michael Osborne, *The Future of Employment:How Susceptible Are Jobs to Computerisation?* (Oxford Martin School 2013)

6 Ibid., 38, 42.

7 Eric Brynjolfsson and Andrew McAfee, *The Second Machine Age:Progress and Prosperity in a Time of Brilliant Technologies* (W. W. Norton & Co. 2014), 10.

8 Cynthia Estlund, 'What should we do after work? Automation and employment law' (2017) New York University Public Law and Legal Theory Working Papers No. 578, 21.

9 Ibid., 23.

10 David Autor, 'Polyani's paradox and the shape of employment growth' (2014) NBER Working Paper No. 20485, 129.

11 Ibid., 136.

12 Eric Brynjolfsson and Andrew McAfee, ‘Human Work in the Robotic Future:Policy for the Age of Automation’ *Foreign Affairs* (13 June 2016), https://www.foreignaffairs.com/articles/2016-06-13/human-work-robotic-future, archived at https://perma.cc/VJ57-4WU8.

13 Justin McCurry, ‘South Korean woman's hair eaten by robot vacuum cleaner as she slept’, *The Guardian* (9 February 2015), https://www.theguardian.com/world/2015/feb/09/south-korean-womans-hair-eaten-by-robot-vacuum-cleaner-as-she-slept, archived at https://perma.cc/86YB-RF49; Aarian Marshall, ‘Puny humans still see the world better than self-driving cars, *Wired* (5 August 2017), https://www.wired.com/story/self-driving-cars-perception-humans/, archived at https://perma.cc/B8L9-7K32; Marty Padget, ‘Ready to pay billions for self-driving car roads?’, *Venture Beat* (17 May 2017), https://venturebeat.com/2017/05/17/ready-to-pay-trillions-for-self-driving-car-roads/,archived at https://perma.cc/ZJ9K-LSXF. 此外，能被自动化的岗位，与实际已经被自动化的岗位，两者间存在着重要差异。可参见：David Kucera, *New Automation Technologies and Job Creation and Destruction Dynamics* (International Labour Organization 2016).

14 然而，我很难看到机器人替代我们成为任务兔平台上的活动组织者，并完成相关工作——举办一场私人定制的海滩派对，让父母和孩子开心，我觉得这几乎不可能实现自动化。

15 Jane Croft, ‘Artificial intelligence closes in on the work of junior lawyers’, *Financial Times* (4 May 2017), https://www.ft.com/content/f809870c-26a1–11e7–8691-d5f7e0cd0a16, archived at https://perma.cc/MH5X-UBVU

16 David Autor, Frank Levy, and Richard Murnane, ‘The skill content of recent technological change’ (2003) 118 (4) *Quarterly Journal of Economics* 1279. 作者指出，留给人类的工作将分为两类：一是“抽象任务”，需要高端技能，从创造性设计到经验丰富的项目管理；二是低技能的“手工任务”。然而，即便两者可能需要不同的平台，但都能很容易地被外包出去。

致 谢

几年前，我受邀前往日内瓦（Geneva）的国际劳工组织发表演讲。那是漫长又晴朗的一天，我一直期待着能去帕基斯室外浴场（Bains des Pâquis）游泳，尝尝干酪火锅。然而，瓦莱里奥·德·斯特法诺组织的一场主题为众包工作的会议吸引了我，加入后，我沉浸在有关算法老板、外包的历史模式以及众包工作的讨论中。

用“着迷”一词不足以形容我当时的状态。就在不久前，我刚写完了一本有关多重职业的书，觉得既尴尬又兴奋。之所以尴尬，是因为自己对这些新兴的发展知之甚少；之所以兴奋，是因为看到针对传统雇佣法的研究将会在全新的语境中发挥作用。在返回牛津大学的路上，我决定为 2015 年剑桥大学出版社出版的平装书《雇主的概念》（*The Concept of the Employer*）增加一章有关众包工作的内容，并将其推荐给此书的编辑亚历克斯·弗拉什（Alex Flach）。他提出了一个令人兴奋的建议：为什么不干脆写本新书，深度讨论零工经济呢？

因此，我开始写这本《零工经济的未来》。在此书即将印刷前，我写下这些文字，感谢所有为完成此书提供宝贵研究成果及支持的人，一路走来，是这些人给我启发，形成了其中的很多观点，尤其是詹妮·贝格（Janie Berg）、米里亚姆·切里、瓦莱里奥·德·斯特法诺、马丁·里萨克和塞克斯·西伯尔曼。2015 年夏，我们在宾夕法尼亚大学沃顿商学院（the Wharton School，University of Pennsylvania）参加了零工经济研究工作坊，组织者是瓦莱里奥、马特·芬金和珍尼斯·贝拉斯（Janice Bellace），其他参与者还包括艾比·亚当斯、安东尼奥·阿洛伊斯（Antonio Aloisi）、辛西娅·埃斯特伦德、史蒂文·格林豪斯、莎拉·李维斯（Sara Lewis）、威尔玛·利伯曼（Wilma Liebman）和史蒂文·威尔伯恩（Steven Willborn）。

凯瑟琳·格莱弗林（Katharine Grevling）、罗德里克·巴格肖（Roderick Bagshaw）和罗杰·史密斯（Roger Smith）是我在牛津大学莫德林学院（Magdalen College，Oxford）法律系的同事，他们给予我很大支持，在这里我要对马克·弗里德兰（Mark Freedland）多年来给予的帮助和支持致以诚挚的感谢。此外，我也要感谢以下从事劳动法研究的朋友们和同事们：艾纳特·阿尔宾（Einat Albin）、萨菲·阿什塔尼（Saphieh Ashtiany）、利兹·巴恩斯（Lizzie Barnmes）、凯瑟琳·巴纳德（Catherine Barnard）、亚伦·伯格（Alan Bogg）、御用大律师约翰·鲍尔斯（John Bowers QC）、大卫·卡布雷利（David Cabrelli）、休·柯林斯（Hugh Collins）、尼古拉·孔图里斯（Nicola Countouris）、安妮·戴维斯、保罗·戴维斯、西蒙·迪金、露丝·杜克斯（Ruth Dukes）、桑迪·弗雷德曼（Sandy Fredman）、朱迪·福吉（Judy Fudge）、弗吉尼亚·曼杜瓦卢（Virginia Mantouvalou）、托尼亚·诺维茨（Tonia Novitz），以及其他提出建议的人，因为我发现，虽然零工经济背后的技术是新的，但几乎所有与之相关的基本问题都已经被讨论了很多年。

大部分写作工作都是在耶鲁大学法学院（Yale Law School）完成的，期间有两次较长的集中写作时期，感谢以下各位的真挚邀请：哈罗德·柯（Harold Koh）和玛丽－克里斯蒂·费舍（Mary-Christy Fisher）、吉多·克拉布雷西（Guido Clabresi）、艾尔·克莱沃里柯（Al Klevorick）、罗伯特·波斯特（Robert Post）、罗伯塔·罗曼诺（Roberta Romano）、大卫·施莱切（David Schleicher）、艾伦·施瓦茨（Alan Schwartz）、史蒂夫·维兹纳（Steve Wizner）、格奥尔甘·罗杰斯（Georganne Rogers）和玛利亚·迪诺（Maria Dino）。亨利·汉斯曼（Henry Hansmann）在一个学期中将书房借给我两次，杰克·巴尔金、丽贝卡·克罗托夫（Rebecca Crootof）、伊格纳西奥·科芬（Ignacio Cofone）和 B. J. 亚德（B. J. Ard）曾邀请我参与耶鲁大学互联网与社会项目，并讨论此书。

鉴于这个话题处于快速变化中，我特别幸运地获得一些真正优秀的研究助理的支持。詹妮弗·何（Jennifer Ho）和雷切尔·亨特特别收集了有关各种平台的资料；吉莉安·休斯（Gillian Hughes）和大卫·罗伊（David Rowe）仔细检查，并为核对最终书稿中的数据细节付出了很多辛劳。佐伊·亚当斯（Zoe Adams）为第 4 章中的历史研究提出了建议和帮助，耶鲁法学院的莉莉安·戈德曼图书馆（Lillian Goldman Library）的图书管理员们发掘了 19 世纪的材料，支持我完成相关历史溯源，牛津大学莫德林学院的同事席安·波莱（Siân Pooley）在阅读后，提出了宝贵建议。还有一些同事帮我查找了外语资料，包括伊丽莎白·布拉梅舒伯（Elisabeth Brameshuber）、苔丝·哈代，马辛·伍奇克和乔安·尤特舒茨。

在撰写本书的过程中，我有幸受邀至世界各地，参加了40多次工作坊和演讲，分享这些新观点。囿于篇幅所限，在此无法一一列出，但我特别感谢政府官员、国际组织、雇主代表、工会、学者和零工经济平台提供的讨论、产业洞见和挑战，尤其是优步的艾米特·辛格（Amit Singh）和盖伊·莱文（Guy Levin）

我很幸运能从一大群朋友和同事那里得到对本书初稿的反馈，包括乔治·亚当斯（George Adams）、伊莫根·亚当斯（Imogen Adams）、艾纳特·阿尔宾、迪亚蒙德·阿什阿加博（Diamond Ashiagbor）、利兹·巴恩斯、艾瑞克·比洛格（Eirik Bjorge）、克雷格·贝克（Craig Becker）、大卫·卡布雷利、保罗·林顿·考伊（Paul Linton Cowie）、沃尔夫冈·多伊普勒（Wolfgang Daubler）、希特·道拉吉瓦拉（Hitesh Dhorajiwala）、卢卡·恩里克斯（Luca Enriques）、马修·芬金、御用大律师迈克尔·福特（Michael Ford QC），夏洛特·加登（Charlote Garden）、雅各布·哈克、马克斯·哈里斯（Max Harris）、休伯特·霍兰、本·琼斯（Ben Jones）、韦杰·乔西（Vijay Joshi）、米里亚姆·库尔曼（Miriam Kullmann）、维利·莱洪维塔（Vili Lehdonvirta）、扬·马可·莱迈斯特、何塞·玛丽亚·米兰达（Jose Maria Miranda）、居伊·蒙德拉克（Guy Mundlak）、尤尔里西·木肯伯格（Ulrich Mückenberger）、拉赫尔·内迪（Rahel Nedi）、卡莱索·尼古拉迪斯（Kalypso Nicolaidis）、汤姆·诺曼（Tom Norman）、凯特·欧利根（Kate O'Regan）、艾丹·雷伊（Aidan Reay）、戴安·凌、布里森·罗杰斯（Brishen Rogers）、本杰明·萨克斯（Benjamin Sachs）、大卫·施莱切、安德烈亚·施奈德－杜尔（Andreja Schneider-Dörr）、阿德里安·托多利·西恩斯（Adrian Todoli Signes）、汤姆·斯莱、加里·斯皮科（Gary Spitko），桑迪·施蒂尔（Sandy Steel）、凡妮莎·苏克多（Vanisha Sukdeo）、安迪·萨默斯（Andy Summers）、朱莉娅·托马塞蒂、马尔科姆·威利斯（Malcom Wallis）、史蒂夫·威尔伯恩（Steve Wilborn）、弗雷德·威尔莫特－史密斯（Fred Wilmot-Smith），以及其他几位要求匿名的法院和政府人士。感谢中国香港大学法学院教师（Hong Kong University Faculty of Law）通过德辅律师事务所（Des Voeux Chambers），让我能对书稿进行最后一次修改，才会有您现在看到的这一版。我试图在审校阶段尽可能地加入新的内容。

牛津大学出版社的亚历克斯·弗拉什和艾玛·泰勒（Emma Taylor）都是出色的编辑，自始至终都在推动整个项目的进展，并提供了指导和反馈；娜塔莉·帕蒂（Natalie Patey）负责平装书的整个流程。感谢整个制作团队，他们辛苦的工作才让本书顺利出版，尤其感谢以下出版发行人员：汉娜·纽波特－沃特森（Hannah Newport-Watson）组建了一个“零工”团队，完成审阅、校对和书稿后面的索引：瓦内萨·普莱斯特（Vanessa Plaister）、杰里米·朗沃西（Jeremy Langworthy）和伊冯·迪克森（Yvonne Dixon），谢谢你们！感谢（通过 Upwork 平台招聘的）基里尔·利森卡（Kiryl Lysenka）为本书设计封面。

最后，同样重要的是，特别感激朋友们和家人们多年来给予我的支持。由于试图从零开始装修房子，我学会了一位劳动法律师（再也不）想要知道的有关个人依赖和让步的一切。如果没有塞巴斯蒂安·布切克（Sebastian Butschek）、凯瑟琳·格里菲琳（Katharine Greviling），我们的父母、伊丽莎白·麦克法兰（Elizabeth Macfarlane）和艾玛·史密斯（Emma Smith）的善良和智慧，我们不可能完成这个任务。

艾比·亚当斯的爱与支持是重中之重。她对本书的每一页内容进行了讨论，提出问题并使其有所改进，在撰写稿件的每一天，她都用充满激情的话语鼓励我，并提供重要的建议。我真是三生有幸，拥有这样一位灵魂契合、志同道合的伴侣。本书献给我最爱和最钦佩的艾比。

杰里米亚斯·普拉斯

牛津大学莫德林学院

2018 年

后　记

零工经济的崛起不断困惑着评论者、监管机构和律师，自从2017年完成本书的初稿以来，十多个司法辖区的诉讼都在很大程度上（尽管缺乏一贯性）参照了第5章中所展望的原则；政府、欧盟、国际劳工组织、经济合作与发展组织（OECD）等国际机构已经制定了很有价值的政策，用来处理许多已经出现的挑战。

与之类似，针对未来工作的学术争论也愈演愈烈，尤其是对人工智能、自动化和大规模失业的关注。我依然保留尾声一章中提出的许多质疑：即便这个世界拥有更庞大的数据集合，以及愈发复杂的机器学习技巧，我们也不可能在不远的将来彻底失去工作。这并不是说，技术没有以极快的速度重塑工作。就这个问题而言，自动化的主要威胁似乎并非单纯针对服务方，更是对其管理者。

第3章透过零工经济视角，特别讨论了算法。然而，随着“人类分析员”的崛起，算法管理将不再受限于上述场景：从招聘到全程监控到解聘，雇主职能的自动化正迅速蔓延至社会经济范围中各个工作场所，包括工厂和手工劳动力，还有提供职业服务的企业和大学。虽然本书无法针对更普遍的现象展开详细讨论，但我希望，本书中提出的许多关键主题，从创新悖论到强调利用技术为我们的机构提供福利，都能有助于进一步讨论未来工作的快速变迁。

杰里米亚斯·普拉斯

2019 年 4 月 1 日